ASSURANCES MARITIMES

L'ARTICLE 347

DU

CODE DE COMMERCE

CONSIDÉRATIONS

SUR LE PROJET DE LOI RELATIF A LA MODIFICATION

DE PLUSIEURS ARTICLES DU LIVRE II DU CODE DE COMMERCE

PAR

LOUIS FOUZÈS

ASSUREUR MARITIME

PRIX : 3 FRANCS

PARIS

ARMAND ANGER, LIBRAIRE-ÉDITEUR

48, RUE LAFFITTE, 48

1875

L'ARTICLE 347

DU CODE DE COMMERCE

ASSURANCES MARITIMES

L'ARTICLE 347

DU

CODE DE COMMERCE

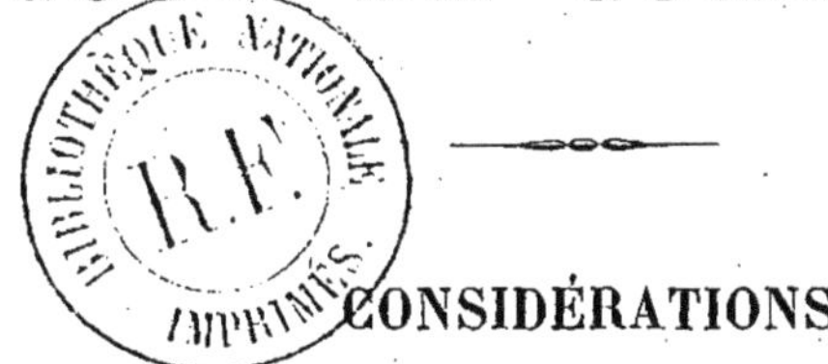

CONSIDÉRATIONS

SUR LE PROJET DE LOI RELATIF A LA MODIFICATION

DE PLUSIEURS ARTICLES DU LIVRE II DU CODE DE COMMERCE

PAR

LOUIS FOUZÈS

ASSUREUR MARITIME

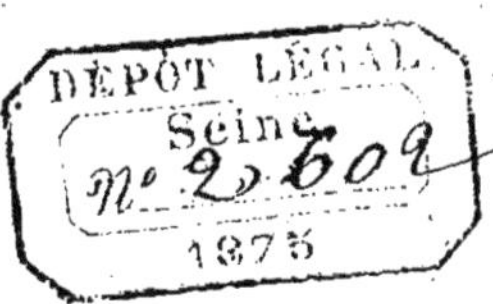

PARIS

ARMAND ANGER, LIBRAIRE-ÉDITEUR

48, RUE LAFFITTE, 48

1875

M. le Ministre du commerce a déposé sur le bureau de l'Assemblée nationale, le 5 janvier dernier, un projet de loi tendant à modifier certains articles du Code de commerce, entre autres l'article 347 qui prohibe l'assurance du fret et du bénéfice, et que le projet supprime.

Cette suppression est une grosse affaire, qui intéresse à la fois les assureurs et les assurés. Pourquoi les uns et les autres n'ont-ils pas été consultés? On a été chercher des lumières dans les travaux d'une Commission ministérielle nommée en 1867. Mais qui peut dire que les opinions du commerce maritime, en 1875, soient conformes à celles du même commerce en 1867? La situation n'est plus ce qu'elle était alors; un fait considérable, le développement soudain, prodigieux de la marine à vapeur, s'est produit dans l'intervalle, et ses résultats, en bouleversant toutes les données acquises, ont ouvert les yeux et arrêté les élans téméraires.

Aujourd'hui, l'immense majorité des intéressés, assureurs et assurés, repousserait l'abrogation de l'article 347, qui aurait peut-être été acceptée en 1867. On ne rencontrerait d'avis divergent que chez quelques assureurs aveuglés par ce qu'ils appellent *l'extension de la matière assurable,* ou chez quelques assurés désireux d'abuser des facilités que leur promet la loi proposée.

C'est en Angleterre, le pays pratique par excellence, que le revirement s'est produit avec le plus d'intensité. Nous apprenons en terminant ce travail, que le vœu émis par la Commission royale d'Angleterre, à propos de la réforme, — dans un sens restrictif, — de la loi sur les assurances maritimes, n'a pas été stérile. Une Commission nouvelle prépare cette réforme, et l'article 347 de notre code, tel qu'il est aujourd'hui, a quelque chance de devenir la base de la loi anglaise modifiée.

Est-ce bien le moment de l'abroger?

Une pratique de plus de vingt années en assurance maritime nous donne le droit, croyons-nous, de prendre la parole sur cette grave question.

Nous nous prononçons pour le maintien de l'article 347.

L'étude sommaire que nous soumettons aux intéressés donne les raisons de cette opinion.

L'ARTICLE 347

DU CODE DE COMMERCE

I

LA COMMISSION MINISTÉRIELLE
DU 15 OCTOBRE 1873.

Le 14 décembre dernier, le *Journal des Débats* publiait la note suivante, que nous reproduisons intégralement, bien que nous ne comptions appeler l'attention du lecteur que sur les deux paragraphes soulignés :

Nous avons déjà fait connaître en partie les résultats des travaux de la Commission chargée, à la fin de l'année dernière, par le Maréchal-Président de la République, d'étudier les moyens les plus efficaces de venir en aide à la marine marchande et d'assurer sa prospérité.

Nous complétons aujourd'hui les renseignements que nous avons donnés en publiant les résolutions de la

Commission relatives à la révision du livre II du Code de commerce.

Désormais, en cas de naufrage d'un navire dans un port maritime ou havre, ou dans les eaux qui lui servent d'accès, le propriétaire pourrait s'affranchir vis-à-vis de l'État, conformément à l'article 216 du Code de commerce, de toute dépense d'extraction de l'épave par l'abandon du navire et du fret.

Si le naufrage était le résultat d'une force majeure, sans qu'il y eût faute du capitaine ou de l'équipage, le propriétaire pourrait se libérer par le seul abandon du navire.

On sait qu'aux termes de l'article 258 du Code de commerce, en cas de prise, de bris et naufrage, avec perte entière du navire et des marchandises, les matelots ne peuvent actuellement prétendre à aucun loyer et que, d'un autre côté, ils ne sont point tenus de restituer ce qui leur a été avancé sur leurs loyers.

A l'avenir, en cas de prise, naufrage ou déclaration d'innavigabilité, les matelots engagés au mois ou au voyage seraient payés de leurs salaires jusqu'au jour de la cessation de leurs services, à moins qu'il ne fût prouvé que la perte du bâtiment est le résultat de leur faute ou de leur négligence, et qu'ils n'ont point fait tout ce qui était en leur pouvoir pour le sauver.

Il appartiendrait aux tribunaux, dans ce dernier cas, de statuer sur la suppression ou la réduction de salaire que les matelots auraient encourue.

Les avances reçues continueraient, d'ailleurs, à n'être pas remboursées.

Si un matelot tombait malade pendant le voyage ou s'il était blessé au service du navire, il serait payé de ses loyers, traité et pansé aux dépens du navire, sans toutefois que la période durant laquelle ses gages lui sont alloués pût dépasser quatre mois à dater de son débarquement.

L'article 334 actuel du Code de commerce serait aussi notablement modifié.

L'assurance pourrait avoir, en effet, non-seulement pour objet les corps et quille du bâtiment, vide ou chargé, armé ou non armé, seul ou accompagné, mais encore les agrès et apparaux, les armements, les victuailles, les marchandises, le fret, le profit espéré, les loyers des gens de mer, les sommes prêtées à la grosse, le profit maritime, le coût de l'assurance, et généralement toutes les choses ou valeurs estimables à prix d'argent sujettes aux risques de la navigation.

Le fret des marchandises existant à bord du navire, le profit espéré des marchandises, les loyers des gens de mer, ainsi que les profits maritimes des sommes prêtées à la grosse, ne seraient donc plus, par conséquent, exclus, comme par le passé, des matières qui peuvent faire légalement l'objet du contrat d'assurances.

Nous croyons savoir que l'honorable M. Grivart, ministre de l'agriculture et du commerce, qui a présidé, en dernier lieu, les séances de la Commission de la marine marchande, aurait complétement adopté les résolutions que nous venons de reproduire, et qu'il les aurait même déjà converties en un projet de loi qu'il se proposerait de soumettre très-prochainement aux délibérations de l'Assemblée nationale.

Ces renseignements étaient exacts.

La Commission de 32 membres, nommée le

15 octobre 1873 par décret du président de la République, pour étudier les moyens les plus efficaces de venir en aide à la marine marchande, avait terminé ses travaux, et ses dernières résolutions étaient en effet celles énumérées dans la note du *Journal des Débats*. Le *Journal des Débats* ne se trompait pas davantage sur les dispositions du ministre du commerce, car l'honorable M. Grivart déposait sur le bureau de l'Assemblée nationale, le 5 janvier dernier, le projet de loi suivant, dont le texte, précédé d'un Exposé des motifs et de l'avis du Conseil d'État, a été publié par le *Journal officiel* du 15 du même mois :

PROJET DE LOI.

Art. 1er. — Les articles 216, 258, 262, 263, 265, 315, 334 et 347 du Code de commerce sont modifiés ainsi qu'il suit :

Art. 216. — Tout propriétaire de navire est civilement responsable des faits du capitaine et tenu des engagements contractés par ce dernier pour ce qui est relatif au navire et à l'expédition.

Il peut, dans tous les cas, s'affranchir des obligations ci-dessus par l'abandon du navire et du fret.

Toutefois la faculté de faire abandon n'est point accordée à celui qui est en même temps capitaine et propriétaire ou copropriétaire du navire. Lorsque le capitaine ne sera que copropriétaire, il ne sera responsable des engagements contractés par lui, pour ce qui est relatif au navire et à l'expédition, que dans la proportion de son intérêt.

En cas de naufrage du navire dans un port maritime ou havre, ou dans les eaux qui leur servent d'accès, comme aussi en cas d'avaries causées par le navire aux ouvrages d'un port, le propriétaire du navire peut se libérer, même envers l'État, de toutes dépenses d'extraction ou de réparation, ainsi que de tous dommages-intérêts, par l'abandon du navire et du fret des marchandises à bord.

La même faculté appartient au capitaine qui est propriétaire ou copropriétaire du navire, à moins qu'il ne soit prouvé que l'accident a été occasionné par sa faute.

Art. 258. — En cas de prise, naufrage ou déclaration d'innavigabilité, les matelots engagés au voyage ou au mois sont payés de leurs loyers jusqu'au jour de la cessation de leurs services, à moins qu'il ne soit prouvé, soit que la perte du navire est le résultat de leur faute ou de leur négligence, soit qu'ils n'ont point fait tout ce qui était en leur pouvoir pour sauver le navire, les passagers et les marchandises, ou pour recueillir les débris.

Dans ce cas, il appartient aux tribunaux de statuer sur la suppression ou la réduction de loyer qu'ils ont encourue.

Ils ne sont jamais tenus de rembourser ce qui leur a été avancé sur leurs loyers.

Dans tous les cas, le rapatriement des gens de l'équipage est à la charge de l'armement, mais seulement jusqu'à concurrence de la valeur du navire ou de ses débris et du montant du fret des marchandises sauvées.

Art. 262. — Le matelot est payé de ses loyers, traité et pansé aux dépens du navire, s'il tombe malade pendant le voyage, ou s'il est blessé au service du navire.

Si le matelot a dû être laissé à terre, il est rapatrié aux dépens du navire ; toutefois, le capitaine peut se libérer de tous frais de traitement et de rapatriement, en versant entre les mains de l'autorité française une somme à déterminer d'après un tarif qui sera arrêté par un règlement d'administration publique, lequel devra être revisé tous les trois ans.

Les loyers du matelot laissé à terre lui sont payés jusqu'à ce qu'il ait contracté un engagement nouveau ou qu'il ait été embarqué pour être rapatrié. S'il a été embarqué pour être rapatrié avant son rétablissement, il est payé de ses loyers jusqu'à ce qu'il soit rétabli. Toutefois, la période durant laquelle les loyers du matelot lui sont alloués ne pourra dépasser, en aucun cas, quatre mois à dater du jour où il a été laissé à terre.

Art. 263. — Le matelot est traité, pansé et rapatrié de la manière indiquée en l'article précédent, aux dépens du navire et du chargement, s'il est blessé en combattant contre les ennemis et les pirates.

Art. 265. — En cas de mort d'un matelot pendant le voyage, si le matelot est engagé au mois, ses loyers sont dus à sa succession jusqu'au jour de son décès.

Si le matelot est engagé au voyage, la moitié de ses loyers est due, s'il meurt en allant, ou au port d'arrivée.

Le total de ses loyers est dû s'il meurt en revenant.

Si le matelot est engagé au profit ou au fret, sa part entière est due, s'il meurt le voyage commencé.

Les loyers du matelot tué en défendant le navire sont dus en entier pour tout le voyage, si le navire arrive à bon port ; et, en cas de prise, naufrage ou déclaration d'innavigabilité, jusqu'au jour de la cessation des services de l'équipage.

Art. 315. — Les emprunts à la grosse peuvent être affectés : sur le navire et ses accessoires, sur l'armement et les victuailles, sur le fret, sur le chargement, sur le profit espéré du chargement, sur la totalité de ces objets conjointement, ou sur une partie déterminée de chacun d'eux.

Art. 334. — Toute personne intéressée peut assurer : le navire et ses accessoires, les frais d'armement, les victuailles, les loyers des gens de mer, le fret, les sommes prêtées à la grosse et le profit maritime, les marchandises chargées à bord et le profit espéré de ces marchandises, le coût de l'assurance, et généralement toutes choses estimables à prix d'argent sujettes aux risques de la navigation.

Néanmoins, l'armateur ne peut assurer cumulativement, d'une part, l'entier montant du fret; et, d'autre part, les frais d'armement, les victuailles, les loyers des gens de mer, le coût de l'assurance et autres dépenses de l'expédition. Il est également interdit au chargeur d'assurer cumulativement l'entier profit espéré et les dépenses accessoires du chargement ; au prêteur à la grosse, d'assurer cumulativement le profit maritime et les frais accessoires du prêt.

Dans tous les cas d'assurances cumulatives, s'il y a eu dol ou fraude de la part de l'assuré, l'assurance est nulle à l'égard de l'assuré seulement ; s'il n'y a eu ni dol ni fraude, l'assurance sera réduite de toute la valeur de l'objet deux fois assuré. S'il y a eu deux ou plusieurs assurances successives, la réduction portera sur la plus récente.

Art. 347. — Le contrat d'assurance est nul, s'il a pour objet les sommes empruntées à la grosse.

Art. 2. — Les articles 259, 318 et 386 du code de commerce sont abrogés.

Nous appellerons dans un moment l'attention sur l'Exposé des motifs. Mais il nous paraît utile de remonter d'abord aux origines du projet, ce que la publication des procès-verbaux de la Commission nous permet de faire. Nous nous rendrons compte ainsi des considérations qui ont amené la Commission à conseiller la suppression de l'article 347 du Code de commerce, c'est-à-dire à autoriser précisément tout ce qui est défendu, à détruire, par conséquent, le principe qui fait la base même de l'économie des assurances, et que le droit moderne avait puisé aux origines les plus reculées de la législation maritime.

On supposera peut-être que la proposition qui anéantit ainsi une jurisprudence plusieurs fois séculaire a été l'objet d'une étude approfondie, complète, et que la Commission ne s'est décidée à un vote aussi grave qu'après avoir été touchée par des considérations d'une importance exceptionnelle.

Ce serait une erreur. Le hasard seul a présidé à la naissance du projet, en ce qui concerne l'article 347.

Dans la séance du 8 décembre 1873, tenue sous la présidence de M. Deseilligny, alors ministre de l'agriculture et du commerce, M. Derche, rapporteur de la première Sous-Commission, s'exprimait ainsi :

« La dépêche du ministre de la marine, renvoyée à la Sous-Commission, a examiné la situation faite aux équipages des navires du commerce en cas de naufrage. Aux termes de l'article 258 du Code de commerce, le matelot n'a droit à aucun salaire quand le navire se perd.

» A la Sous-Commission, comme au ministre, cette disposition a paru excessive. On ne la justifie qu'en prétendant qu'elle est nécessaire pour intéresser le matelot à la conservation du navire; mais alors, pour être conséquent, il faudrait tout d'abord admettre que, lorsque le navire s'est perdu corps et biens, lorsque l'équipage a succombé en accomplissant son devoir, les salaires acquis devraient être du moins payés à la famille. Il n'en est rien.

» La législation anglaise, plus généreuse que la nôtre à cet égard, fait payer les salaires aux marins d'un navire naufragé jusqu'au jour même du sinistre, à moins que le capitaine ne prouve qu'ils n'ont pas fait tous leurs efforts pour sauver le bâtiment et sa cargaison. C'est que, là, le courage, la fermeté dans le danger, le sentiment du devoir se présument, tandis qu'en France, s'il fallait admettre l'interprétation adoptée par les commentateurs, ce seraient des sentiments tout opposés qui animeraient nos équipages.

» C'est, en vérité, faire injure à nos marins, » — s'écrie le ministre, dont on ne peut pas » mieux faire que citer les paroles; — aucun » de ceux qui, comme moi, ont passé leur vie » avec ces braves gens, qui ont eu l'honneur » de les commander, ne me contredira quand » j'affirmerai qu'il n'est pas de classe plus désin- » téressée, plus naturellement, plus simplement » disposée à sacrifier sa vie pour l'accomplisse- » ment d'un devoir.

» Les règlements sur la marine militaire ne » supposent pas la faiblesse et la pusillanimité. » L'État paie les équipages qui ont eu le mal- » heur de perdre leur bâtiment jusqu'à leur » retour en France, et, quand un bâtiment a » disparu en mer, les familles des victimes re- » çoivent les salaires jusqu'à l'époque présumée » de la perte. Il ne peut cependant pas y avoir » deux poids et deux mesures : le courage et la » lâcheté ne peuvent se présumer chez les mêmes » hommes, aux prises avec les mêmes dangers. »

« Ces considérations ont convaincu la Sous-Commission. On les avait, d'ailleurs, déjà fait valoir devant la Commission chargée, en 1868, de la révision du livre II du Code de commerce, qui s'en était également montrée touchée.

» La Sous-Commission propose donc de substituer aux articles 258 et 259 du Code de commerce un article ainsi conçu :

» En cas de prise, naufrage ou déclaration » d'innavigabilité, les matelots engagés au mois » ou au voyage sont payés de leurs salaires » jusqu'au jour de la cessation de leurs services, » à moins qu'il ne soit prouvé qu'ils n'ont pas » fait tout ce qui était en leur pouvoir pour sau- » ver le bâtiment.

« Dans ce dernier cas, il appartient aux tri- » bunaux de statuer sur la réduction de salaire » qu'ils ont encourue.

» Les avances reçues ne sont pas rembour- » sées (1). »

Ce projet de réforme était déjà d'une certaine gravité. Il ne serait pas difficile de démontrer qu'il constituerait une dérogation au droit commun. Il n'est dû aucun salaire quand il n'y a aucun service rendu.

Mais, cette exception au principe, consentie dans un but d'humanité, est certainement acceptable.

Il faut croire qu'après avoir décidé cette modification, la Sous-Commission a dû remarquer qu'elle commençait sa tâche de manière à s'éloigner du but indiqué. Cette obligation de payer les gages des matelots même en cas de nau-

(1) Procès-verbaux de la Commission, page 143.

frage était une charge nouvelle imposée aux armateurs ; il fallait trouver la contre-partie, le dédommagement de cette charge.

C'est ici qu'on aurait dû sentir l'inutilité absolue de la mesure par laquelle la Sous-Commission et la Commission elle-même ont cru pourvoir à cette nécessité.

Quel dédommagement avait-on à offrir à l'armateur? N'était-il pas libre de faire assurer les gages de matelots, dès qu'il courait le risque d'avoir à les payer ? En vain l'article 347 du Code de commerce décide-t-il que l'assurance ne peut avoir pour objet les loyers des gens de mer. Il tombe sous le sens, et il entre d'ailleurs complétement dans l'esprit de l'article que l'interdiction vise le marin lui-même, lequel ne peut faire assurer ses gages, parce qu'ils ne sont que le profit incertain et espéré du voyage. Mais cette interdiction ne saurait atteindre l'armateur qui fait assurer ces mêmes gages pour le cas où il sera contraint de les payer ; il y a là un risque de *perdre*, dont il a le droit de se garantir.

Cela est tellement vrai, que le chargeur de marchandises sur bateaux à vapeur, lorsqu'il a payé le fret en embarquant, le fait assurer nonobstant l'article 347, à moins qu'il ne soit restituable en cas de perte.

Les deux cas sont absolument identiques, et il n'y aurait aucun doute sur la légalité d'une assurance couvrant les gages des matelots dans le cas où l'armateur aurait à les payer. La seule charge qui en résulterait pour lui serait la prime d'assurance, quotité infime qui disparaîtrait noyée dans les frais d'armement.

La Commission, paraît-il, n'a pas aperçu cette solution si simple, qui ne nécessitait aucune décision nouvelle. et que les armateurs auraient trouvée tout seuls.

En effet, M. Derche continue ainsi, sans aucune transition, la lecture de son rapport :

« Le commerce maritime n'élèvera sans doute aucune plainte contre l'adoption de dispositions aussi équitables ; mais, comme compensation, il est juste de lui permettre de se garantir contre tous les risques que fait courir l'exercice de l'industrie de la mer. La Sous-Commission voudrait donc que l'armateur pût faire assurer son fret, ce qui lui est aujourd'hui interdit par l'article 347 du Code de commerce, et, pour entrer complétement dans cette voie, qui est maintenant suivie par la plupart des nations maritimes, elle propose d'adopter dans son entier l'article du projet de la Commission de révision du Code de commerce.

» Cet article est ainsi conçu :

« L'assurance peut avoir pour objet le navire, les marchandises, le fret, le profit
» espéré, les loyers des gens de mer, les sommes
» prêtées à la grosse, le profit maritime, le coût
» de l'assurance, et généralement toutes choses

» ou valeurs estimables à prix d'argent, sujettes » aux risques de la navigation (1). »

Ainsi, voilà qu'à propos d'une charge, — uniquement apparente, — imposée aux armateurs, on en arrive, comme nous l'avons dit, à détruire le principe sur lequel repose l'assurance, et à permettre précisément, exactement, tout ce qui était défendu.

Deux mots suffisent pour consommer cette révolution. L'article 347 disait :

« L'assurance est nulle si elle a pour objet... »

Ce même article dira désormais :

« L'assurance peut avoir pour objet... »

Il n'y a rien à changer à la suite ; la nomenclature restera la même.

Le rapport de la première Sous-Commission, présenté par M. Derche dans la séance du 18 décembre, n'a été discuté que dans celle du 20. Cette discussion, qui n'a duré qu'un quart d'heure, a porté uniquement sur le point relatif aux gages des matelots ; la Commission, évidemment, n'a pas eu le temps d'aller plus loin, et la modification, ou plutôt la transformation de l'article 347, a été votée sans aucune observation.

Il n'y a pas à en douter, le manque de temps est l'excuse de la Commission. En dix-neuf

(1) Procès-verbaux de la Commission, page 144.

séances, elle a abordé une multitude de sujets ingrats, difficiles; chacun des membres sentait l'importance de la tâche, et s'effrayait à l'idée de la pauvreté inévitable des résultats. Que faire pour la marine de commerce en dehors de la surtaxe de pavillon?

Aussi les séances étaient-elles fréquemment interrompues. La dixième séance avait eu lieu le 23 décembre 1873 ; la onzième se tint le 2 mars 1874, et la dernière est du 15 juillet.

C'est là, nous le répétons, l'excuse de la Commission. Une réunion d'hommes aussi considérables par leur savoir et leur expérience n'aurait pas proposé la réforme dont nous avons à parler si elle avait pu étudier mûrement la question. On a vu, dans cette minuscule disposition relative aux gages des matelots, une charge pour les armements, dont il fallait trouver la compensation, et l'on a été chercher dans les travaux oubliés de la Commission de 1867, qui comportaient la révision de deux cents articles du Code de commerce, le formidable article 347, tout seul, c'est-à-dire celui sans lequel le titre X : *des Assurances*, n'a plus de signification.

Cette étude, que la Commission n'a pas pu faire, nous voulons la tenter. Nous voulons essayer de montrer qu'on s'est trop pressé, et que le résultat de la mesure proposée ne serait pas celui qu'on en attend.

La suppression de l'article 347, avons-nous dit,

serait la ruine du principe de l'assurance maritime.

Elle n'apporterait d'ailleurs aucun soulagement à l'industrie des armements, et son influence sur l'ensemble du commerce maritime serait absolument néfaste.

Nous allons, croyons-nous, prouver la vérité de ces affirmations.

II

L'EXPOSÉ DES MOTIFS.

Avant, toutefois, d'entrer en matière, nous devons dire que le Conseil d'État semble avoir examiné, avec plus de maturité que la Commission, les conséquences de la réforme proposée. L'Exposé des motifs du projet de loi est évidemment le résultat de cet examen.

Malheureusement, les hautes lumières du Conseil d'État ne pouvaient pas remplacer l'expérience pratique qu'on eût trouvée chez plusieurs des membres de la Commission. L'Exposé des motifs se ressent à la fois de la science du Conseil d'État et de son incompétence en matière de commerce maritime. Nous voudrions le prouver, non par une critique détaillée du document administratif, puisque nous aurons, dans la suite de ce travail, à examiner chacun des points qu'il traite, en assurances maritimes, mais en faisant suivre de quelques observations sommaires la partie du texte qui s'occupe de l'article 347.

Voici comment s'exprime l'Exposé des motifs :

Le titre des assurances maritimes devra sans doute être revisé lors de la réforme du livre II du Code de commerce, afin de simplifier les formes du contrat et d'en régler les conséquences, de manière à équilibrer les chances qu'il présente; mais, sans attendre la solution de ces questions, il a semblé qu'on pouvait déterminer dès à présent les modifications à introduire dans l'objet même du contrat. L'article 334 énumère les choses qui peuvent être assurées; l'article 347 énonce celles dont il interdit l'assurance ; cette interdiction frappe le fret des marchandises existant à bord, le profit espéré des marchandises, les loyers des gens de mer, les sommes empruntées à la grosse et les profits maritimes des sommes prêtées à la grosse. Ces dispositions restrictives, reproduites de l'ordonnance de 1681, reposent sur l'idée qu'il est nécessaire, pour empêcher le contrat d'assurance de couvrir des spéculations frauduleuses, d'obliger l'assuré à garder un certain intérêt à la conservation du navire.

Cette méfiance est excessive, la légitimité du contrat d'assurance n'est aujourd'hui contestée par personne; les avantages qu'il réalise sont désormais hors de discussion.

Les prohibitions de l'article 347 placent l'armateur et le négociant dans l'impossibilité de se prémunir contre des risques qui peuvent affecter gravement leur fortune de mer ; elles ajoutent ainsi au peu d'empressement que les capitaux montrent généralement, en France, à s'engager dans les entreprises maritimes. L'assurance appliquée soit au fret des marchandises existant à bord, c'est-à-dire à un bénéfice déjà complétement gagné, sauf les événements de mer, soit au profit espéré de ces marchandises, c'est-à-dire l'accroissement de valeur qui doit résulter pour elles de leur transport au lieu de destination, est un contrat utile, dicté par une louable prévoyance qui n'a rien de commun avec ces conventions dont le jeu est l'unique mobile; loin d'interdire un tel contrat, la loi doit l'encourager, car en rendant plus régulières les opérations de transport, on permet à celui qui les tente d'en apprécier les résultats sans avoir à redouter les risques de mer; on attire vers le commerce maritime ceux qu'écarte le danger de ces entreprises, dans lesquelles un accident fatal déjoue souvent les calculs les plus justes et les mieux raisonnés.

Il en est de même du profit maritime des sommes prêtées à la grosse; ce profit constitue une créance dont le recouvrement est garanti par des priviléges, mais dont l'exigibilité est soumise à la condition que le navire arrivera à bon port. *Permettre l'assurance de ce profit comme celle du capital prêté, c'est rendre certain l'abaissement des primes de grosse, l'absence des risques devant amener nécessairement la diminution du taux de l'intérêt*; c'est, dès lors, procurer aux entreprises de commerce maritime des facilités plus grandes de crédit.

Les nécessités du commerce ont d'ailleurs été plus fortes que les prohibitions de la loi; les avantages que donnent les législations commerciales des nations concurrentes où la liberté des assurances maritimes existe, en ont fait une obligation, et, soit par des voies détournées, soit directement par des polices d'honneur, l'assurance a pu atteindre les objets que l'article 347 du Code interdit de comprendre dans les contrats de cette nature.

Mais si, dans notre pensée, la loi, se mettant d'accord avec la pratique générale du commerce, doit autoriser désormais ce qu'elle a jusqu'à présent défendu, des précautions sont nécessaires pour empêcher que le caractère du contrat d'assurance ne s'altère et que les facilités nouvelles n'engendrent des abus dont l'ordre public aurait à souffrir; *l'assurance est essentiellement un contrat d'indemnité, et, dans aucun cas, on ne peut admettre que l'événement qui réalise l'engagement de l'assureur puisse devenir, pour l'assuré, une source de bénéfices*. De là, les stipulations formelles qui interdisent l'assurance des dépenses de l'expédition, cumulée avec l'assurance de l'entier montant du fret; l'assurance de l'entier profit espéré cumulée avec celle des dépenses accessoires du chargement; enfin, l'assurance des profits maritimes venant s'ajouter à celle des frais accessoires du prêt. En cas d'assurances cumulatives, s'il y a eu dol ou fraude de la part de l'assuré, l'assurance est nulle à son égard; s'il n'y a eu ni dol, ni fraude, l'assurance sera réduite de toute la valeur de l'objet déjà assuré.

Il convient d'ajouter une observation en ce qui touche le profit espéré des marchandises; nous avons expliqué plus haut que par ces expressions, qui ont un sens consacré dans le langage des assurances maritimes, on entend la plus-value commerciale qui doit résulter pour la marchandise chargée de son transport même, plus-value qui sera déterminée par les factures, s'il y a eu vente à livrer au port de destination, ou, à défaut de factures, par les prix courants dans ce dernier lieu; il ne s'agit pas dès lors d'un profit incertain, hypothétique, subordonné aux chances d'une spéculation lointaine et hasardeuse, mais d'un bénéfice qui ne dépend que de l'arrivée du navire à bon port.

Il ne faut pas perdre de vue que l'extension donnée au contrat d'assurance n'est motivée que par des considérations propres au commerce de mer; dès lors, les dispositions nouvelles doivent être strictement renfermées dans le domaine spécial de l'assurance maritime. Le Conseil d'État a fait remarquer que l'on ne saurait marquer avec trop de précision que c'est contre les risques seuls de la navigation qu'il doit être permis d'assurer le profit espéré. Nous nous associons complétement à cette observation. *Transportées en dehors du commerce maritime, les dispositions que nous soumettons à la sanction de l'Assemblée nationale ne seraient peut-être pas sans danger*, et elles ne pourraient se justifier par les mêmes raisons de droit et d'intérêt publics.

L'obligation imposée à l'armateur de payer les loyers échus des gens de mer, même en cas de naufrage, emportait comme conséquence la faculté pour l'armateur de faire assurer le paiement de ces loyers. La prohibition de l'article 347, sur ce point, devait être levée. Il convenait au contraire de maintenir la nullité du contrat d'assurance concernant les sommes empruntées à la grosse. Cette interdiction ne fait courir aucun risque à l'emprunteur, puisque si la chose affectée à la garantie du prêt se perd, il est par là même libéré.

Nous avons souligné les points les plus saillants de cette partie de l'Exposé des motifs.

Deux mots de réponse :

La méfiance est excessive, la légitimité du contrat

d'assurance n'est contestée par personne. — Voilà deux propositions dont l'accouplement nous étonne. La légitimité du contrat d'assurance n'est contestée par personne, c'est vrai; mais tous ceux qui tiennent de près ou de loin aux assurances savent que les garanties données au contrat par l'article 347 sont précisément ce qui constitue cette légitimité. Il est légitime d'assurer ce que l'on court le risque de perdre, il ne l'est pas d'assurer ce que l'on espère gagner; c'est là ce qu'enseignent la doctrine et la jurisprudence, qui ne sont pas ignorées au Conseil d'État.

Les prohibitions de l'article 347 placent l'armateur et le négociant dans l'impossibilité de se prémunir contre des risques qui peuvent affecter gravement leur fortune de mer. — Comment! si mon navire m'a coûté 200,000 francs et qu'il soit assuré pour 200,000 francs, ma fortune de mer court des risques! lesquels? Viendrait-il à l'idée de quelqu'un de dire que la fortune de terre d'un propriétaire court, en cas d'incendie, des risques de nature à l'affecter gravement si sa maison, qu'il a payée 500,000 francs, est assurée pour 500,000 francs?

Il n'y a d'autre dommage, dans les deux cas, que la perte du bénéfice probable, c'est-à-dire, pour le navire, la perte de son fret, et pour la maison la perte de ses loyers.

En droit maritime, la fortune de mer de l'armateur est représentée par son navire. Ce navire est assuré; l'interdiction de faire assurer le fret ne fait donc courir aucun risque aux capitaux engagés, mais seulement au produit possible de ces capitaux.

Il en est de même du négociant. Qu'il exporte cent caisses de marchandises manufacturées, ou qu'il importe mille balles de laine, ces cent caisses et ces mille balles sont assurées. Certain qu'il est, en cas de sinistre, de recevoir la valeur intégrale de ce qu'il expose aux risques de la mer, ce sinistre ne peut pas affecter *gravement* sa fortune. Il en résultera pour lui une affaire nulle, ce qui arrive tous les jours et dans tous les genres de commerce.

Elles ajoutent ainsi (les prohibitions) au peu d'empressement que les capitaux montrent, en France, à s'engager dans les entreprises maritimes. — Où donc le rédacteur de l'Exposé des motifs a-t-il été renseigné? Il y a actuellement deux grandes entreprises maritimes qui ont fait chez nous un large appel aux capitaux : la Compagnie générale transatlantique et la Compagnie des Messageries maritimes ; bien loin de demander à assurer leurs frets, ces deux sociétés gardent un découvert considérable sur le corps même de leurs navires, quelque chose comme *deux millions* sur chacun d'eux. Il en est de même, dans des proportions diverses, des sociétés plus modestes, comme les Compagnies Valéry et Fraissinet à Marseille ; il en est de même de la Société Petitdidier et Cie, qui ne fait assurer *aucun* de ses navires ; il en est de même d'un grand nombre d'armateurs particuliers, qui gardent à leurs risques un dixième, un cinquième, un quart de la valeur de leur navire.

Quand on sollicite les capitaux pour la fondation d'une entreprise maritime, on ne se préoccupe pas de l'article 347, qui interdit de faire assurer le fret et le bénéfice ; tout au contraire, on cherche à limiter le plus possible les frais d'assurance, et l'on ne fait assurer que ce dont la perte causerait à l'affaire un préjudice effectif et marqué ; puis, le jour où le succès est venu, où les réserves ont grossi, on cesse de faire assurer, afin de conserver pour soi le bénéfice que la prudence obligeait jusque-là d'abandonner aux assureurs.

Nous le demandons encore : Où donc le rédacteur de l'Exposé des motifs a-t-il été renseigné ?

Permettre l'assurance de ce profit (le profit maritime des prêts à la grosse) comme celle du capital prêté, c'est rendre certain l'abaissement des primes de grosse, l'absence des risques devant nécessairement amener la diminution de l'intérêt. — C'est encore une erreur : le capital prêté pouvant être assuré ne court *aucun risque*, en sorte que le profit maritime ne dépend que des facilités présentées par la place sur laquelle on emprunte, facilités qui varient dans un même lieu, suivant les circonstances commerciales ; on voit des emprunts à la grosse contractés dans un port aujourd'hui à 40 0/0, un mois plus tard à 5 0/0.

En Angleterre, l'assurance du profit est permise ; cela n'empêche pas de voir des navires anglais emprunter à 50 0/0, et si parfois leurs emprunts sont moins onéreux, cela tient à l'étendue de leur commerce et aux ressources nombreuses que ce commerce met à leur disposition.

Les nécessités du commerce ont d'ailleurs été plus fortes que les prohibitions de la loi. — Oui, cela est vrai, mais nous verrons plus loin si cela a été un bien, et s'il est bon de rendre général et permis ce qui était restreint et extra-légal.

La bonne foi de l'Exposé des motifs est absolue, puisqu'il vient déclarer, après avoir proposé la faculté d'assurer le *bénéfice* maritime sous ses diverses formes, que *l'assurance est essentiellement un contrat d'indemnité, et dans aucun cas on ne peut admettre que l'événement qui réalise l'engagement de l'assureur puisse devenir, pour l'assuré, une source de bénéfice.*

Il faut absolument faire abstraction de tout ce qui a été pensé et écrit depuis cinq cents ans sur la matière pour prétendre que l'assurance du *bénéfice* ne peut pas constituer un *bénéfice.* Le commerce maritime, privilégié entre tous, ne courrait donc aucun autre risque que ceux de la mer? Les événements de mer seuls pourraient donc le priver de son bénéfice? Cela est-il soutenable? N'est-il pas évident, au contraire, que le commerce maritime, en outre des risques de mer, est soumis à tous ceux que le commerce de terre fait courir ?

Cela n'a pas besoin d'être démontré. Eh bien, si le *bénéfice* est assuré, n'est-il pas évident que le sinistre maritime exonère ce bénéfice de tous les risques qu'il aurait ultérieurement courus ? Sans aucun doute. Et dès lors l'assuré recueille un *bénéfice* du sinistre maritime, puisque le profit éventuel de sa négociation est ainsi devenu certain et définitif.

Les précautions que croit devoir indiquer ensuite l'Exposé des motifs sont inutiles, nous le démontrerons plus loin ; après avoir démoli un mur solide, il est puéril de le remplacer par une mauvaise haie.

Nous arrêterions ici ces courtes observations pour entrer dans l'examen intime de la question, si nous ne trouvions encore dans l'Exposé des motifs une de ces affirmations étranges, bien faites pour frapper d'étonnement ceux qui ont quelques notions d'assurance. Le Conseil d'État n'est pas d'avis d'étendre au commerce de terre les innovations proposées pour le commerce de mer.

Transportées en dehors du commerce maritime, dit l'Exposé, *les dispositions que nous soumettons à l'Assemblée nationale ne seraient peut-être pas sans danger*. — Mais c'est absolument le contraire qu'il faut dire. Oui, le danger existe, oui, les facilités nouvelles peuvent dégénérer en abus, mais surtout dans le commerce maritime ; ce danger est presque nul pour les assurances terrestres.

Voici un boutiquier qui a fait assurer pour 50,000 francs les marchandises qu'il a en magasin, et pour 15,000 francs le bénéfice qu'il compte en retirer. Il est clair qu'en mettant le feu à sa boutique il touchera immédiatement le bénéfice de 15,000 francs ; pour cela, cependant, il faut d'abord que toutes ses marchandises brûlent, ce qui est souvent difficile ; il faut surtout qu'on ne découvre pas que c'est lui qui a mis le feu, et cela se découvre presque toujours. La menace de la Cour d'assises est toujours suspendue sur la tête de l'incendiaire.

En est-il de même de l'assuré maritime ? Lorsqu'un armateur, dont le fret est assuré, a intérêt à faire condamner son navire, c'est à deux mille lieues et plus que les événements se passent ; c'est là que se font les expertises complaisantes, c'est là que s'établit la procédure consulaire à l'aide de laquelle l'armateur se fera payer, sans que l'assureur puisse rien vérifier, sans qu'il puisse faire une enquête, sans qu'il puisse opposer quoi que ce soit aux affirmations des experts, qui deviennent un monument contre lequel toutes les preuves morales du monde sont sans aucune valeur.

Les navires qui ne sont pas assurés ne sont *jamais* condamnés, nous en donnerons la preuve plus loin ; les navires assurés le sont *fréquemment*, nous l'établirons aussi. — Il est donc certain que beaucoup de condamnations sont abusives, quelques-unes même frauduleuses et criminelles. Où sont cependant les condamnations dont les assureurs n'ont pas supporté les conséquences? Où sont les armateurs qui ont passé en police correctionnelle ou en cour d'assises? on en citerait jusqu'à UN, dont l'histoire est légendaire, et qui s'est fait condamner en Belgique.

Mêmes facilités pour l'assuré sur marchandises à abuser de sa police d'assurance, surtout quand il s'agit de l'exportation. Nous citerons, dans la suite de ce travail, quelques exemples qui montreront combien l'abus est aisé, et combien sa répression est difficile.

III

LES ARTICLES 334 ET 347.

Ces deux articles forment les véritables assises du titre X du Code de commerce : *des Assurances;* l'un exprime ce qu'il est permis d'assurer; l'autre exprime ce qu'il est défendu d'assurer.

L'article 334 dit :

« L'assurance peut avoir pour objet : — le » corps et quille du vaisseau, vide ou chargé, » seul ou accompagné, — les agrès et apparaux, » — les armements, — les victuailles, — les » sommes prêtées à la grosse, — les marchandises » du chargement, et toutes autres choses ou va- » leurs estimables à prix d'argent, sujettes aux » risques de la navigation. »

Et l'article 347 :

« Le contrat d'assurance est nul s'il a pour ob- » jet : — le fret des marchandises existant à » bord du navire, — le profit espéré des mar-

» chandises, — les loyers des gens de mer, — » les sommes empruntées à la grosse, — les pro- » fits maritimes des sommes prêtées à la grosse. »

Cette rédaction, empruntée en grande partie à l'Ordonnance de 1681 pourrait être littérairement meilleure, mais son esprit ne fait aucun doute : il est permis de faire assurer ce qui court *le risque d'être perdu ;* il n'est pas permis de faire assurer ce qui court *le risque de n'être pas gagné ;* on assure ce qui existe matériellement ; on n'assure pas ce qui pourra exister plus tard.

Ce principe était trop bien établi lors de la promulgation du Code de commerce, en 1807, pour que le Conseil d'État se soit longtemps arrêté à le discuter. Déjà cependant, ainsi que cela est arrivé au moment où la Commission de 1867 s'est occupée de ces matières, les chambres de commerce de certains ports avaient réclamé contre les prohibitions de l'article 347. *Nihil novi sub sole.* Le conseil de commerce de Bordeaux désirait qu'on pût faire assurer le *profit espéré* des marchandises : « Il est utile, disait-il, de laisser aux assurés et aux assureurs la faculté d'estimer la marchandise à leur gré ; la prohibition du profit espéré des marchandises pourrait contrarier et occasionner des difficultés. »

Le conseil de commerce de Nantes demandait qu'on pût faire assurer le *profit maritime* du prêt à la grosse. « On peut, disait-il, en espérer les meilleurs effets en France au moment actuel. Le prêteur à la grosse, libre de faire assurer son capital et le profit stipulé, se contente d'un change maritime plus faible ; ce change n'étant fort qu'à raison des risques, il diminuera nécessairement quand il y aura un bénéfice modique, mais assuré, et par conséquent certain. (1) » On voit que l'argument de l'Exposé des motifs, sur cette question, n'est pas non plus nouveau.

Ces appréciations, démenties depuis par les faits, n'ébranlèrent pas le Conseil d'État. Il répondit en rappelant les principes de la matière : que l'assurance n'est pas pour l'assuré un moyen d'acquérir ; que l'on ne peut faire assurer que ce que l'on court le risque de perdre, et nullement les gains qu'on manque de faire (2). Il ajoutait que l'exemple de ce qui se fait en Angleterre et dans quelques villes étrangères n'est point concluant, car il n'est pas démontré que le commerce en reçoive de grands bienfaits.

Le Code de commerce ne reproduisait d'ailleurs à ce sujet que les dispositions de l'Ordonnance de **1681**, si sagement défendues par Émérigon (*des Assurances*, chap. Ier, section 4), par Valin (*Commentaire,* art. 15 du titre des Assurances) et par tous les commentateurs.

On sait que l'Ordonnance allait même plus loin que le Code, puisqu'elle exigeait dans certain

(1) V. Dalloz, Répertoire. Droit maritime, n° 1576.

(2) Pothier, *des Assurances*, nos 31 et 35.

cas que l'assuré restât à découvert du *dixième*. (Art. 18 et 19 du titre des Assurances.)

Quand nous aurons rappelé qu'au seizième siècle déjà, le *Guidon de la mer* (chap. II, art. 13) établit comme maxime *que l'assuré ne peut recevoir profit du dommage d'autrui* (*l'assureur*), nous aurons suffisamment constaté l'ancienneté du principe posé par le Code de commerce.

Sans nous arrêter un seul instant aux arguments de droit qui militent en faveur de ce principe, voyons d'où procède, en fait, sa nécessité.

Il est absolument évident que la situation de l'assureur et celle de l'assuré ne sont pas identiques en ce qui concerne le risque maritime. L'assureur ne peut exercer aucune influence sur ce risque, le diminuer ou l'augmenter. Lorsque j'ai assuré le corps d'un navire, pour un voyage déterminé, je ne puis rien faire qui soit de nature à restreindre les chances de sa perte, non plus, bien entendu, qu'à les aggraver. Pour l'assuré, il en est tout autrement; suivant qu'il aura mis son navire en plus ou moins bon état avant son départ, suivant qu'il aura choisi un capitaine plus ou moins expérimenté ou prudent, il aura amoindri ou étendu le risque que je cours.

Lorsque j'assure une caisse de marchandises, il m'est impossible de faire quoi que ce soit pour qu'elle arrive en bon état à sa destination. Quant à l'assuré, s'il a fait emballer soigneusement cette caisse, s'il l'a fait charger sur un steamer appartenant à une bonne ligne de navigation, il a réduit mon risque à sa plus simple expression. Si, au contraire, la caisse est mal faite, si au lieu d'être doublée en fer-blanc elle ne l'est pas du tout, si pour économiser le fret on l'a embarquée sur un steamer de rencontre, de construction et de force médiocres, il est clair qu'on a aggravé mon risque.

« L'assureur, en tout, se confie dans la prud'-
» homie de son assuré; car nonobstant que le
» marchand chargeur expose sur sa police les pac-
» tions et conditions sous lesquelles il entend se
» faire assurer, toutefois l'assureur, lorsqu'il signe
» la somme, n'entre pas en conférence verbale
» avec l'assuré ; il lit seulement ce qui est écrit
» au-dessous du style d'icelle police, sans voir la
» sorte, quantité ni qualité des marchandises,
» suivant en cela la relation, prud'homie et fidé-
» lité de son marchand chargeur, présupposant
» qu'il soit loyal en sa trafique (1). »

Cela était vrai il y a trois cents ans; cela est encore vrai aujourd'hui: l'assureur n'entre pas en conférence avec l'assuré, puisque l'usage de l'intermédiaire d'un courtier est général; l'assureur ne peut que lire le contrat, sans savoir si tout a été fait pour que le risque soit borné aux véritables événements de mer, et il faut

(1) *Guidon de la mer*, chap. II, art. 15.

absolument qu'il s'en rapporte à la loyauté et à l'équité de l'assuré.

Rien n'est plus indiscutable que cette subordination de l'assureur à l'assuré. Et c'est précisément parce que la situation respective des deux parties a été ainsi envisagée par les rédacteurs du Code de commerce qu'il a paru nécessaire de *garantir* l'assureur contre les fautes possibles de l'assuré. Le titre *des Assurances*, pris dans son ensemble, n'est qu'une suite de dispositions édictées pour protéger l'assureur, afin de rétablir l'égalité des situations que la force des choses, — abstraction faite du droit, — détruit constamment, au profit des assurés.

La première de toutes les garanties souhaitables est évidemment celle qui résulte de l'intérêt qu'aurait l'assuré à la bonne arrivée de son navire ou de sa marchandise. Il est clair que si le sinistre peut causer un tort quelconque à l'assuré, il fera tout son possible pour l'éviter.

L'Ordonnance de 1681 pourvoyait à cette nécessité, nous l'avons dit, par ses articles 18 et 19, au titre des Assurances.

L'article 18 disait :

« Les assurés courront toujours le risque du » dixième des effets qu'ils auront chargés, s'il » n'y a déclaration expresse dans la police qu'ils » entendent faire assurer le total. »

Le principe, c'était la retenue du dixième, mais on comprend qu'il était permis d'y déroger lorsqu'il s'agissait de marchandises embarquées par un négociant qui restait à terre, et qui dès lors était sans influence apparente sur le risque maritime.

Mais, si ce négociant, si cet assuré était à bord du navire, pendant la durée du voyage, ou s'il était le propriétaire du bâtiment, le principe reprenait toute sa force.

« Et si les assurés sont dans le vaisseau, — » disait l'article 19, — ou qu'ils en soient les » propriétaires, ils ne laisseront pas de courir » le risque du dixième, encore qu'ils aient dé- » claré faire assurer le total. »

Ce principe du *découvert* n'a pas été consacré par le Code de commerce. Quelques jurisconsultes l'ont regretté. « Les motifs en étaient pourtant » bien sages, — dit Bécane, professeur de droit » commercial à la Faculté de Poitiers, et anno- » tateur de Valin. — La facilité d'abuser des » assurances est malheureusement si grande que » l'on sera peut-être forcé de revenir un jour aux » précautions dont il serait bien à désirer que » l'on pût se passer. L'obligation imposée à l'as- » suré de courir le risque du dixième était une » garantie qu'il donnerait tous les soins possibles » pour la conservation des objets assurés, dans » les cas innombrables où il est facile de sauver » sa vie en abandonnant le navire et les mar- » chandises. Les graves abus qui ont lieu dans » les assurances, ont nécessité, il y a deux ans,

» une loi pénale très-sévère (1). En Angleterre (2), » les prévarications dans cette matière commen» cent à miner sourdement la foi commerciale, et » il est aisé de prévoir que le système des assu» rances finira par tomber, si, par des précau» tions vigoureuses, on n'empêche que l'assu» rance ne devienne, pour les assurés, un moyen » de faire des bénéfices. » (Valin, annoté par Bécane, édition de Poitiers, 1829, page 480.)

A une époque où le commerce maritime procurait des bénéfices considérables, la disposition de l'Ordonnance était justifiée; elle constituait une garantie de premier ordre pour l'assureur sans être pour l'assuré une charge trop lourde. Aujourd'hui, la concurrence a réduit les bénéfices, et l'obligation pour l'assuré de conserver un découvert du dixième pourrait souvent les absorber.

La garantie est d'ailleurs suffisante quand l'assuré se borne à faire couvrir la valeur entière de la chose en risque ; car, comme il n'y a pas lieu de supposer qu'il fait le commerce sans désir de gain, il est certain que la crainte de voir un sinistre le priver de la réalisation de

(1) Probablement la loi du 11 avril 1825.

(2) Nous aurons à parler de ce qui se passe en Angleterre; on verra que les facilités qu'y présente la législation y ont créé un courant d'opinion absolument contraire aux idées de la Commission.

ce gain lui fera faire tout son possible pour éviter la perte et pour diminuer les dangers du voyage.

On s'étonnera peut-être de nous voir insister sur les *garanties* nécessaires à l'assureur. Rien de plus naturel, cependant. De ce que la chose est assurée, s'ensuit-il qu'elle puisse être abandonnée aux hasards du voyage, sans soins, sans précautions d'aucune sorte? Pas le moins du monde. L'assurance n'a d'autre objet que la garantie des risques fortuits, de la fortune de mer, des pertes et dommages qui arrivent sur mer par quelque cas de force majeure. Elle supplée à la faiblesse humaine. Quand l'assuré a tout fait pour que la chose arrive à bien, cette chose demeure néanmoins soumise à des risques contre lesquels son propriétaire ne peut rien. C'est alors qu'intervient l'assurance, pour prendre à sa charge ces risques dont l'assuré ne pourrait autrement se garantir.

Il est donc nécessaire que l'assuré agisse de son mieux, absolument comme s'il n'était pas couvert. C'est là l'unique garantie que l'assureur réclame, et c'est celle que le Code de commerce lui donne en défendant d'assurer les effets chargés pour une somme qui excède leur valeur (art. 357), et en interdisant, par conséquence naturelle, d'assurer le profit espéré (art. 347).

Que deviendrait cette garantie si le projet du

gouvernement obtenait la sanction législative? En ayant la faculté de faire assurer son fret, quel avantage l'armateur aurait-il à faire son possible pour la bonne arrivée de son navire ? En ayant la faculté de faire assurer le profit qu'il espère, quel avantage aurait le négociant à soigner de son mieux sa marchandise ?

Et si, bien loin d'éprouver un préjudice par suite du sinistre, l'assuré y trouve au contraire un bénéfice, comment veut-on qu'il fasse quoi que ce soit pour le prévenir ?

Or, il n'est pas douteux que le sinistre qui permet d'encaisser rapidement un bénéfice dont la réalisation normale eût été retardée, compromise peut-être par les circonstances ordinaires du commerce, — il n'est pas douteux que ce sinistre constitue un bénéfice pour l'assuré.

J'envoie mon navire de Nantes à la Réunion ; il touchera 30,000 francs de fret s'il arrive à bien, par conséquent, dans quatre ou cinq mois. Je fais assurer ce fret et mon navire se perd en sortant de la Loire. Un mois après j'ai touché mes 30,000 francs.

J'ai donc incontestablement un intérêt à ce que mon navire se perde le plus tôt possible.

J'expédie pour Rio-Janeiro dix caisses de soieries qui valent 100,000 francs ; elles sont vendues 150,000 francs à un négociant qui me les paiera six mois après les avoir reçues, c'est-à-dire dans huit ou neuf mois. Je fais assurer ces 150,000 francs. Le navire qui porte mes marchandises sort du Havre et se perd près de Cherbourg. Je l'apprends le jour même par télégraphe, et pour peu que mon assureur soit obligeant, quinze jours ne s'écouleront pas sans que j'aie encaissé mes 150,000 francs, qui comprennent mon bénéfice de 50,000 francs.

J'ai donc incontestablement un intérêt à ce que ma marchandise se perde le plus tôt possible.

Il n'en faudrait pas davantage pour que le principe sur lequel repose le système des assurances soit complétement ruiné.

Comment ! s'écriera-t-on peut-être avec étonnement, si l'assurance du bénéfice espéré, sous toutes ses formes, augmente les risques de l'assureur, il augmentera proportionnellement ses primes, et ce nouvel aliment d'assurance sera pour lui la source de nouveaux profits.

C'est une erreur ; il est aisé de le démontrer.

La détermination d'une prime quelconque nécessite l'étude et la connaissance des risques que cette prime doit couvrir ; un chargement peut être assuré à demi pour cent pour aller du Havre à Saint-Pétersbourg, si le voyage s'effectue au mois de juin ; mais, s'il s'agit de partir en septembre, la prime sera d'un pour cent ; et elle s'élèvera à trois pour cent en novembre. Pourquoi ? Parce que l'expérience a appris à l'assureur que les risques de ce voyage sont six fois plus grands en novembre qu'en juin.

« Le système des assurances a paru, — disait » M. Corvetto au Corps législatif, dans la séance » du 8 septemble 1807 ; — il a consulté les sai- » sons ; il a porté ses regards sur la mer ; il a » interrogé ce terrible élément ; il en a jugé l'in- » constance ; il en a pressenti les orages ; il a » épié la politique ; il a reconnu les ports et les » côtes des deux mondes ; il a tout soumis à des » calculs savants, à des théories approximatives ; » et il a dit au commerçant habile, au navigateur » intrépide : Certes, il y a des désastres sur les- » quels l'humanité ne peut que gémir ; mais, » quant à votre fortune, allez, franchissez les » mers, déployez votre activité et votre industrie : » je me charge de vos risques. (1) »

Telle est en effet la base du système des assurances : l'étude et l'évaluation des risques. Mais pour étudier et pour apprécier les risques, il faut les connaître ; il faut que l'expérience en ait déterminé l'importance. La tâche est difficile, assurément ; toutefois, elle ne demande que du temps et du jugement, tous les éléments en étant à la disposition de l'assureur, dès qu'il ne s'agit que des risques fortuits de la navigation. Au contraire, quelles bases d'appréciation a-t-il si le

(1) Exposé des motifs des titres 9 et 10 du livre II, par M. Corvetto, conseiller d'État.

plus ou moins de soins, le plus ou moins d'honnêteté de l'assuré entre pour une part dans les chances qu'il doit courir ? Aucune.

Si l'assurance ne couvre que la valeur effective des marchandises ou du navire en route, l'assuré a tout intérêt à l'heureux accomplissement du voyage : il n'y a à craindre ni sa négligence, ni sa déloyauté. Mais si le bénéfice de son opération est couvert, les craintes sont légitimes, et l'assureur n'a aucun moyen d'évaluer le surcroît de prime nécessité par l'éventualité de risques qui s'ajoute ainsi à ceux purement fortuits.

Supposons trois armateurs assurés sur fret tous les trois, pour un même voyage ; le premier, malgré la certitude qu'il a de ne pas manquer son bénéfice, apporte néanmoins tous ses soins à la mise en état de son navire ; le second, au contraire, se reposant sur la garantie des assureurs, a économisé sur l'armement et s'est dispensé de faire certaines réparations cependant nécessaires ; le troisième, enfin, plus âpre au gain, veut réaliser rapidement son opération et s'arrange de manière à ce que son navire ait toute chance de se perdre ; — la chose est moins malaisée qu'on ne le croirait. Bien entendu, l'assureur ignore les dispositions de ces trois armateurs; à ne considérer que les risques fortuits, la prime pourrait être égale pour tous les trois; si l'assureur sent, cependant, que l'assurance du fret, c'est-à-dire du bénéfice espéré, est de nature à augmenter ses risques, comment appréciera-t-il cette augmentation? Pour nous, qui avons par hypothèse pénétré dans la conscience des trois armateurs, nous estimons que si le risque du premier vaut, par exemple, 5 0/0, celui du second vaudra 20 0/0 et celui du troisième 75 0/0. Mais l'assureur, nous le répétons, qui ne pèse que les chances visibles et connues, est dans l'impossibilité d'apprécier celles qui lui sont cachées. — Dès lors, il lui est également impossible d'assurer.

Si l'assureur évalue à 1 1/2 0/0 la prime d'un voyage déterminé, ce taux se divise en trois parties ; la première représente la moyenne de pertes observées sur ce voyage ; la deuxième la proportion des frais, et la dernière le bénéfice que doit laisser l'assurance ; et voici le calcul auquel l'assureur ou ses devanciers se sont livrés :

Sur 100 navires faisant ce voyage, il s'en perd en moyenne un, ce qui représente. .	1 » 0/0
Les frais divers qui grèvent l'assurance représentent un quart de ce taux, ci	0.25 0/0
et le bénéfice que l'assureur compte faire est évalué par lui à	0.25 0/0
L'ensemble de ces trois éléments égale	1 1/2 0/0

qui est la prime demandée.

S'il faut ajouter à ce calcul une prime pour la négligence, l'incurie ou même l'improbité de l'assuré, l'assureur n'a plus d'éléments d'appréciation, et s'il agit sagement, il refusera l'assurance, qui deviendrait ainsi une véritable loterie.

N'est-il pas vrai que la base du système des assurances serait ruinée par l'adoption de l'innovation projetée ?

Cela nous semble démontré.

On nous dira peut-être que nos raisonnements sont théoriques, et qu'en somme ce que nous combattons se pratique dans certains pays maritimes. Nous reviendrons sur cette objection dans le cours de ce travail, et nous allons abandonner la théorie pour entrer dans l'examen des conséquences pratiques qu'on doit attendre de la suppression de l'article 347.

Nous parlerons successivement :

du fret;
du bénéfice espéré;
des loyers des gens de mer;
et du profit maritime (sur les sommes prêtées à la grosse).

C'est tout ce dont le Gouvernement propose d'autoriser l'assurance, et c'est à peu près tout ce que l'article 347 défend d'assurer.

IV

L'ASSURANCE DU FRET.

Il est bon de rappeler ici que la Commission avait proposé d'autoriser l'assurance du fret uniquement pour offrir au commerce maritime une compensation à la charge que lui imposerait le paiement des gages de l'équipage en cas de naufrage.

Nous avons déjà cité ces paroles de M. Derche, prononcées dans la séance du 8 décembre 1873 :

« Le commerce maritime n'élèvera sans doute » aucune plainte contre l'adoption de dispositions aussi équitables ; mais, *comme compensation*, » il est juste de lui permettre de se garantir » contre tous les risques que fait courir l'exercice de l'industrie de la mer. La Sous-Commission voudrait donc que l'armateur pût faire » assurer son fret. »

Et M. Bonnet disait, dans la séance du 20 décembre :

« Si le fret est assuré, les conséquences du » naufrage ne sont plus à craindre : l'armateur » paiera l'équipage sur le fret..... »

Il est bon aussi que nous rappelions l'inutilité absolue de cette *compensation*, l'armateur étant libre d'assurer les gages qu'il aurait à payer en cas de naufrage.

Nous allons voir maintenant quelles seraient les conséquences de cette gratuite concession.

Qu'est-ce que le fret? C'est le produit de la location du navire, dont le net constitue le *bénéfice* que l'armateur réalise par l'exercice de son commerce.

Si je mets à la mer un navire qui m'a coûté 100,000 francs, tous frais d'armement et d'équipage compris, et que ce navire se perde, fût-il chargé de manière à me rapporter 50,000 francs de fret, il est absolument certain que je ne perds que 100,000 francs. Je manque, en outre, de gagner 50,000 francs, mais ma perte effective et réelle sera couverte par les 100,000 francs que l'assureur du navire me remboursera.

Il n'y a donc aucune différence entre le *bénéfice* provenant du fret et celui provenant de la marchandise.

C'est à ce titre que l'article 347 interdit l'assurance de l'un et de l'autre bénéfice.

Remarquons que le fret est grandement privilégié ; la marchandise lui est spécialement affectée, et dès que le navire amène son chargement à destination, ce chargement, quel que soit d'ailleurs son état, répond du paiement du fret. Si le navire n'accomplit qu'une partie du voyage, et que le chargement soit porté jusqu'au lieu de reste par un autre navire, le premier a droit au fret *de distance parcourue;* n'eût-il fait que vingt milles en mer, se fût-il, étant parti du Havre, arrêté à Cherbourg, le fret lui est dû pour la distance du Havre à Cherbourg, à proportion du prix fixé pour le voyage entier.

Si l'on assure le fret entier, — et c'est ce qu'avait proposé la Commission, — l'armateur a le plus grand intérêt à ce que son navire se perde. En effet, ce fret entier, ce fret brut n'entre jamais intégralement dans la caisse de l'armateur; il lui faut, à destination, faire payer par son capitaine tous les frais de port et de séjour; il lui faut subir, pour le retour de ce fret, les conditions plus ou moins onéreuses du change, à moins que le capitaine ne transforme en marchandises la somme dont il dispose ; et alors ce sont de nouveaux risques à courir pour la réalisation ultérieure de ces marchandises.

Avec l'assurance du fret entier, la perte ou la condamnation du navire devient une excellente affaire : les dépenses au port d'arrivée sont évitées, les risques de change ou de réalisation des retours sont supprimés.

Prenons un exemple :

Nous avons sous les yeux les comptes d'un voyage du navire *Reine-du-Monde*, du Havre à Rio-Janeiro et retour.

Le fret du voyage d'aller s'est élevé à. . . . . Fr.	35.798.23
et celui du voyage de retour à . .	13.187.30
Soit pour l'aller et le retour ensemble. . . . . Fr.	48.985.53

L'opération étant une, les armateurs auraient pu faire assurer cette somme de 48,985 fr. 53 c., qu'ils auraient encaissée en cas de perte du navire dès le départ.

Quel a été, cependant, le produit net du double voyage ? 10,590 francs.

La perte préalable du navire aurait donc procuré à ses propriétaires un bénéfice brut de . . . . Fr.	38.395.53
dont il faut déduire toutefois les dépenses d'armement, qui s'étaient élevées à.	17.575.99
en sorte que le bénéfice net eût été de. . . . . Fr.	20.819.54

Autre exemple, plus saisissant encore.

Le navire *Deux-Eulalie*, dans un voyage de Marseille à Rio-Janeiro et retour, a réalisé un

fret total de . . . . Fr.	32.352.75
L'opération s'est cependant résumée par une perte de.	3.435 »
d'où il résulte que le naufrage eût occasionné un bénéfice brut de Fr.	35.787.75
réduit toutefois des dépenses d'armement, soit.	15.711.22
Il eût été net de . . . . Fr.	20.076.53

L'assurance du fret brut ne serait donc qu'une prime d'encouragement à l'improbité, puisqu'elle donnerait invariablement à l'armateur un bénéfice important dans le cas de perte de son navire.

Nous avons, dans ces deux exemples, déduit du fret les dépenses de l'armement. Mais il est bon de remarquer que ces dépenses sont ordinairement comprises dans la valeur d'assurance du navire. Les formules de police portent généralement :

« La somme de..... valeur agréée des corps, quille, agrès, apparaux, victuailles, mise hors du navire..... »

Il est juste que les dépenses faites pour mettre le navire en mer soient assurées ; c'est en même temps légal, puisque l'article 334 du Code de commerce dit que l'assurance peut avoir pour objet « le corps et quille du vaisseau... les agrès et apparaux, *les armements, les victuailles...* »

Donc, en supposant que les dépenses d'armement se soient trouvées comprises dans l'assurance du corps des deux navires *Reine-du-Monde* et *Deux-Eulalie*, ce que nous avons appelé le bénéfice brut eût été, en cas d'assurance sur fret suivie de sinistre, un bénéfice net.

Ainsi, sans assurance de fret :

La *Reine-du-Monde*, dans son double voyage, a gagné . . . . Fr. 10.590 »

Le *Deux-Eulalie*, dans son double voyage, a perdu . . . . 3.435 »

Avec l'assurance du fret, en cas de perte :

La *Reine-du-Monde* eût gagné. Fr. 48.985 53

Le *Deux-Evlalie* eût gagné . . Fr. 32.352 75

Encore faudrait-il supposer que les armateurs auraient évalué exactement le fret de retour; et il est probable que, — sans aucune intention de fraude, — l'évaluation eût été au-dessus de la réalité.

Si enfin l'assurance n'avait été faite que pour le fret d'aller, les dépenses d'armement comprises dans la valeur du corps, le bénéfice eût encore été considérable.

Qu'a voulu dire le projet de loi, en interdisant d'assurer cumulativement le fret entier et les frais d'armement? Cela n'est pas très-clair. Le nouvel article 334 conservant l'énumération de l'ancien, il est probable que ces frais continueront à se trouver compris dans la valeur du corps. Peut-être le Conseil d'État, qui a exigé cette restriction, entend-il que le fret brut sera diminué, pour l'assurance, du montant des frais d'armement. Ce serait alors une espèce d'assurance du fret net. Mais comment déterminer celui-ci ? Si les dépenses effectuées au point de départ sont connues, celles qui deviendront nécessaires au point de destination sont incertaines.

D'ailleurs, l'opération ordinaire d'un navire, quant au rendement du fret, comporte un voyage d'aller et retour ; il va de soi que le bénéfice effectif, c'est-à-dire le fret net, n'est connu qu'au jour où le navire est revenu, et où il a fait son désarmement.

Or, le résultat des opérations maritimes, comme celui de toute autre opération commerciale, est incertain et irrégulier. Quelle assurance faire, par exemple, pour le navire *Deux-Eulalie*, dont le fret encaissé a laissé l'armateur en perte ?

Il est aisé de voir, par ce seul exemple, que l'assurance du fret net est pour ainsi dire impraticable. L'armateur sera toujours obligé de faire une évaluation arbitraire, que l'assureur devra toujours accepter. Cette évaluation, on n'en saurait douter, sera toujours exagérée, et comme, en cas de bonne arrivée, la somme réelle pourra être connue, l'assuré ne manquera pas de réduire son assurance à cette somme, afin d'obtenir une remise de prime. Par contre, en cas de perte avant le retour, le montant brut de la police sera toujours dû par l'assureur.

On ne relèvera pas l'industrie chancelante de la marine à voiles en autorisant les armateurs à assurer leur fret ; qu'on leur en procure, cela vaudra beaucoup mieux. Et si la chose n'est pas possible, que l'on laisse le progrès suivre son cours normal, en s'en rapportant à l'initiative individuelle pour atténuer ses conséquences dans ce qu'elles peuvent avoir de fâcheux pour certains intérêts.

Qu'a-t-on fait pour les maîtres de postes, dont l'établissement des chemins de fer a ruiné l'industrie ? Rien. Les armateurs de navires à voiles sont les maîtres de poste de l'Océan, dont les navires à vapeur sont les chemins de fer.

Ce n'est pas au point de vue de l'inscription maritime que la prospérité de la navigation à voiles est une nécessité. Les marins se forment aussi bien sur un vapeur que sur un voilier.

Qu'on veuille bien le remarquer : la marine à voiles s'est accrue lentement, mais d'une manière à peu près continue, jusqu'au moment où le développement de la vapeur a pris ses grandes proportions, c'est-à-dire jusqu'à l'époque du percement de l'isthme de Suez ; depuis, le nombre des navires à voiles a diminué sensiblement. La conséquence est naturelle ; elle s'impose avec toute la force de l'inexorable logique du progrès.

Ce n'est assurément pas dans l'intérêt de la navigation à vapeur qu'on se propose d'autoriser l'assurance du fret. En général, le fret par vapeur se paie d'avance, et est stipulé non restituable en cas de perte; dès lors, le chargeur l'assure, puisqu'il l'a payé. Au reste, qu'il s'agisse de la voile ou de la vapeur, les conséquences de cette dérogation aux principes de l'assurance seraient les mêmes.

Une objection nous est faite par l'Exposé des motifs : l'assurance sur fret se pratique journellement; on fait une police dite d'*honneur*, qui déroge à l'article 347 du Code de commerce, et, en cas de contestation, la décision d'arbitres amiables remplace la juridiction légale. La réforme projetée ne ferait donc que régulariser une situation acceptée, que consacrer un usage établi, et donnerait ainsi, aux assurés et aux assureurs, la garantie de la loi, qui leur fait actuellement défaut.

Cela est vrai ; l'assurance sur fret se pratique; on pourrait ajouter que certains assureurs y gagnent, et qu'au Havre, par exemple, les assurances sur fret sont très-recherchées.

Mais, remarquons d'abord que tous les armateurs ne font pas assurer leur fret, ce qui prouve qu'il n'y a pas là de nécessité absolue. Remarquons ensuite que les assurances sur fret sont recherchées lorsqu'elles sont faites pour le compte d'honorables maisons, dont la probité établie garantit les assureurs.

Oui, sous la pression de certaines nécessités commerciales, sous la pression, aussi, de ce préjugé, que le fret étant connu dès le départ du navire, il y a là un bénéfice précis et certain, alors que celui de la marchandise est éventuel et indéterminé, les assureurs ont consenti parfois et consentent encore souvent à assurer le fret.

Il est bien évident que si l'intégrité absolue de tout le monde pouvait être certaine, l'assurance sur fret, sans cesser de déroger aux principes, serait sans danger pour l'assureur, de même que les frontières pourraient être moins surveillées s'il ne pouvait pas y avoir de contrebandiers. Mais il ne nous paraît pas que le législateur puisse se placer à ce point de vue, et mettre ainsi à la portée de tous un moyen de se créer un gain illicite.

Protégés par l'article 347, les assureurs ne vont que jusqu'où ils veulent aller, dans la garantie des prétendus risques du fret. C'est ainsi qu'après avoir accepté l'assurance sur *fret agréé*, les assureurs de Paris ont renoncé à cette formule élastique pour y substituer celle de *fret à justifier*. C'est ainsi que cette première réforme ayant été insuffisante, la police de Paris de 1868 est venue interdire l'assurance du fret au delà des 60 centièmes de sa valeur. C'est ainsi que les navires de certains armateurs douteux ne sont assurés qu'avec défense de faire couvrir le fret, sous peine de nullité du contrat.

Quelle force auront les assureurs, pour maintenir ces restrictions, pour les étendre s'il y a lieu, lorsque la loi aura déclaré licite l'assurance sur le fret?

Éprouvés par des désastres qui en ont englouti plusieurs, les assureurs ont essayé de remonter le courant qui les avait entraînés hors du principe qui est leur unique raison d'être : la réparation du dommage effectif, le remboursement de la perte matérielle. Ils ont favorisé, par des réductions de prime, les assurés qui consentent à garder une part du risque à leur charge. D'après le tarif commun à toutes les places maritimes de France, un navire à vapeur assuré à l'année paie 8 1/2 0/0 de prime; il y a réduction de 1/2 0/0 si l'assuré conserve un quart de la valeur à ses risques, et de 1 0/0 si le découvert va jusqu'à la moitié.

Comment se fait-il que des compagnies de transport et même des armateurs ordinaires aient accepté ces combinaisons? Par suite d'un raisonnement bien simple : le taux de la prime comprend le bénéfice de l'assureur, d'où il suit que la valeur effective du risque est inférieure à ce taux; par conséquent, moins on paie de prime et moins on a de frais; la somme couverte doit être réduite au coût réel de l'objet assuré, car on réduit en réalité le bénéfice en le chargeant d'une prime d'assurance.

Si j'ai chargé 200,000 francs de marchandises sur un navire, je fais assurer cette somme pour n'être pas ruiné en cas de perte; mais je me garde bien de faire assurer les 20,000 francs de bénéfice que cette affaire doit me procurer, car si mon bénéfice est manqué, par suite de sinistre, je n'ai perdu que mon temps, et si les choses suivent pendant une période déterminée leur cours normal, j'aurai gardé pour moi le gain que l'assureur aurait fait sur sa prime.

Ce raisonnement, il est vrai, n'est exact que pour l'assuré scrupuleux qui laisse à l'assureur, par les soins qu'il donne à son navire ou à ses marchandises, une marge de bénéfice. Pour celui qui agit autrement et qui rend ainsi la prime insuffisante, il a intérêt à assurer le plus possible, et à payer le plus de primes qu'il pourra ; car il réalisera certainement, dans la même période que le précédent, un bénéfice sur l'assureur.

Puisqu'un grand nombre de compagnies et certains armateurs ont déjà mis en pratique le raisonnement que nous exposons, il est certain que l'extension de la matière assurable ne peut profiter qu'aux armateurs douteux, négligents ou même improbes.

En dehors de toute question de principe, il il existe bien des considérations de nature à militer contre l'assurance du fret. Non-seulement, comme nous l'avons dit, les priviléges édictés en faveur du fret réduisent considérablement les chances qu'il court, mais encore l'impossibilité de contrôler la valeur du corps du navire, la tendance de certains armateurs, par suite, à exagérer cette valeur, met ces armateurs à l'abri de tout dommage en cas d'accident.

Nous ne serons contredit par aucun homme compétent, en disant que dans la plupart des cas l'armateur considère comme un événement heureux la perte ou la condamnation de son navire. C'est une conséquence de l'état précaire de l'industrie maritime, sans aucun doute, de la pénurie des frets, de l'insuffisance des résultats, mais c'est aussi la preuve que la perte ou la condamnation ne cause pas de préjudice à l'assuré; les cas où ces événements lui procurent un bénéfice ne sont pas rares, et, sans citer d'exemples particuliers, il est aisé de le démontrer.

Théoriquement, les navires assurés ne courent pas plus de risques que ceux qui ne le sont pas. C'est incontestable. La tempête ne recherche pas de préférence les navires assurés. Comment se fait-il donc que, pratiquement, ces derniers éprouvent plus d'accidents et se perdent plus fréquemment?

Voici, à ce sujet, et comme preuve irréfragable, quelques éléments statistiques que nous puisons dans les publications mensuelles du *Veritas*, c'est-à-dire de l'administration la plus autorisée en pareille matière.

Le nombre des navires à voiles de la marine de commerce, déduction faite des bateaux côtiers de moins de 40 tonneaux, est de 3,780, jaugeant ensemble 736,326 tonneaux. Tous, à peu près, sont assurés.

Sur ce nombre de 3,780 navires, il s'en est perdu 222 pendant l'année 1874. C'est une proportion de 6 pour cent. Le total des pertes comprend les navires naufragés, les navires coulés par abordage, ainsi que ceux qui ont été abandonnés en mer ou condamnés dans un port de relâche. Or, sur ces 222 navires perdus, 39 ont été condamnés dans les ports et 22 abandonnés en mer.

Voilà le résultat d'une année, pour les navires assurés. En eût-il été de même si les 3,780 navires n'avaient pas été assurés ? Ce sont les chiffres qui vont répondre.

Il existe une société maritime qui possède 48 navires et ne les fait pas assurer ; elle a agi ainsi depuis dix-huit ans, avec un nombre de navires qui a varié entre ce chiffre de 48 (minimum) et celui de 71 (maximum). Or, pendant ces dix-huit ans, la Société Petitdidier et Cie, — voilà un nom qu'on peut citer, (1) — á perdu 16 navires, sans qu'un seul ait été condamné, sans qu'un seul ait été abandonné en mer.

Pour ramener ces deux exemples à des termes équivalents, il suffit de multiplier par le nombre d'années, — 18, — le nombre moyen des navires

---

(1) M. Peulvé, député et membre de la Commission, était encore, il y a un an, directeur de cette Société.

de la Société, qui est de 60 ; on a pour résultat 1,080, qui représente le total annuel, comme 3,780 le représente pour les navires non assurés.

Le tableau suivant résulte de ces éléments :

	NOMBRE annuel.	PERDUS en une année.	RAPPORT entre le nombre et les pertes.	CONDAMNÉS.	RAPPORT entre les condamnations et les pertes	ABANDONNÉS en mer.	RAPPORT entre les abandons et les pertes.
Navires assurés.....	3,780	222	6 0/0	39	17 0/0	22	10 0/0
Navires non assurés..	1,080	16	1 1/2 0/0	0	0	0	0

Nous croyons la démonstration faite; il est clair que les proportions de perte entre les navires qui sont assurés et ceux qui ne le sont pas seraient les mêmes si les propriétaires des premiers avaient un intérêt quelconque à leur conservation; et s'ils ont, au contraire, comme cela arrive le plus souvent, un intérêt manifeste à la perte, l'élévation prodigieuse de la proportion s'explique d'elle-même.

Le tableau que nous venons de donner présente un résultat d'ensemble. Voici un exemple particulier qui est tout aussi décisif.

Pendant l'année 1874, sept navires français sont entrés en relâche, avec avaries, dans le port de Valparaiso (Chili). Sur ces sept navires, six étaient assurés, un seul ne l'était pas.

Qu'est-il advenu de ces sept navires ?

Six ont été condamnés.

Un seul ne l'a pas été.

Si nous ajoutons que les *six navires condamnés* étaient précisément les *six navires assurés*, nous pourrons sans doute nous dispenser de tout commentaire.

Pour qu'il ne reste aucun doute sur l'exactitude absolue de nos renseignements, nous voulons donner à nos risques et périls les noms de ces huit navires.

Les six navires assurés sont :

Le Ferdinand, *le Sésame*, *le Chine-et-Havane*, *les Biards*, *l'Harriet*, et *l'Alphonse-et-Nélie*.

Le navire non assuré est *l'Ecuador* (1).

Telle est la situation, avec l'article 347, qui interdit de faire assurer le fret.

A quelle conséquence aboutirait la suppression de cet article, étant admis, ce qui est vraisemblable, que les assureurs ne seraient pas assez forts pour lutter contre la loi nouvelle, et qu'en conséquence le fret serait généralement assuré ?

A une liquidation plus ou moins rapide de la marine à voiles, liquidation dont les assureurs paieraient tous les frais.

Ce n'est pas là le résultat qu'on attend de la loi nouvelle. Espérons donc que l'interdiction de faire assurer le fret sera maintenue.

---

(1) Un autre navire non assuré, *le Canton*, a été vendu à Valparaiso dans des circonstances exceptionnelles : aucun soumissionnaire ne s'étant présenté lors de l'adjudication des réparations à faire, force a été de rompre le voyage et de vendre le navire.

V

L'ASSURANCE DU BÉNÉFICE ESPÉRÉ.

Il n'y a certainement pas de dérogation plus flagrante au principe de l'assurance que celle qui consiste à couvrir le *bénéfice espéré de la marchandise*. L'article 347 prohibe formellement cette dérogation, et les assureurs, jusqu'à présent, ont maintenu avec assez de fermeté la prohibition.

Toutefois, — il nous faut bien le reconnaître, — de bons esprits, d'honnêtes négociants s'étonnent qu'il ne leur soit pas possible d'assurer le bénéfice qu'une opération laborieusement conduite leur procurera, si les événements de mer ne le leur enlèvent. Il y a certains cas, qu'on pourrait qualifier d'aigus, et où l'on se sent entraîner à croire qu'en effet l'interdiction de faire assurer son bénéfice est vraiment injuste.

Voici un de ces cas :

Un importateur de denrées a vendu *sous voiles*,

c'est-à-dire pendant que le navire est encore en mer, une cargaison de cafés de 200,000 francs, sur laquelle, par suite de cette vente, il réalise un bénéfice de 30,000 francs Ce bénéfice est précis, déterminé : une seule circonstance, — il le croit, du moins, — peut le lui ravir, la perte du navire, par conséquent, la non-livraison du chargement. Comment n'aurait-il pas le droit d'assurer ce bénéfice contre le risque qu'il court? Il paraît bien certain que rien ne pourra être fait qui soit de nature à aggraver ce risque ; que le bénéfice soit ou non assuré, le navire terminera son voyage sans que l'assureur ait à craindre la malversation ou le dol. Pourquoi, encore une fois, le négociant ne pourrait-il pas se garantir contre la perte qui le priverait de son bénéfice ?

Assurément, s'il existait un cas où le principe puisse fléchir, ce serait bien celui que nous exposons. Et cependant, là comme partout, il faut répondre que l'assurance ne peut jamais devenir la source d'un bénéfice, et qu'elle pourrait l'être dans l'exemple présenté. Le négociant ne se trompe-t-il pas en croyant que la perte du navire peut seule le priver de son bénéfice ? Est-ce que son acheteur ne peut pas, à l'arrivée, soulever des difficultés de nature à rompre le marché? Est-ce que ce même acheteur ne peut pas devenir insolvable ? Est-ce que les cafés, débarqués et emmagasinés dans un dock, provisoirement, avant livraison, ne peuvent pas être détruits par un incendie ? Est-ce que cent autres circonstances ne sont pas de nature à diminuer ou à anéantir ce bénéfice? Qu'arriverait-il cependant s'il était assuré? C'est qu'en cas de perte l'assureur aurait couvert les risques de terre dont nous parlons, en sorte que là, comme dans toute assurance sur bénéfice, l'intérêt le plus clair de l'assuré serait la perte du navire et de sa cargaison.

Dès lors, la porte est ouverte à la mauvaise foi. La cargaison de cafés, supposons-le, est vendue à un marchand d'Anvers; le navire, parti de Port-au-Prince, touche à Queenstown pour y prendre ses ordres, c'est-à-dire pour savoir vers quel port il doit se diriger. Au moment de son escale, les cours du café ont baissé, une crise a eu lieu, et l'acheteur d'Anvers a déposé son bilan; le marché est rompu, le bénéfice irréalisable par suite des nouveaux cours. Si ce bénéfice est assuré, qu'arrivera-t-il? Nous n'irons pas jusqu'à dire que le propriétaire de la cargaison, d'accord avec le capitaine, lui transmettra à Quenstown des ordres de nature à causer la perte du navire. Non, le navire arrive à Anvers, et le chargement de cafés est entreposé dans un magasin *ad hoc*. Mais on va examiner minutieusement ce chargement, car plus on y trouvera de sacs avariés et plus l'assuré y gagnera, puisque ces sacs seront vendus pour compte des assureurs, et remboursés par eux sur le prix d'assurance, qui comprend 15 0/0 de bénéfice.

Chaque sac a coûté, par exemple, 200 francs, et est assuré avec le bénéfice 230 francs; le cours en baisse, au moment de l'arrivée, est de 190 francs; par conséquent chaque sac vendu pour le compte des assureurs donnera à l'importateur un bénéfice de 40 francs; d'où il suit qu'il a le plus grand intérêt à avoir toute sa cargaison avariée.

Nous avons pris intentionnellement l'exemple d'un chargement de cafés, car il n'est pas un assureur qui n'ait fait l'expérience suivante : quand le café est en hausse au moment de l'arrivée, il n'y a jamais d'avaries; quand il est en baisse, il y en a presque toujours.

Répétons-le donc : si l'assuré a un intérêt quelconque à la bonne arrivée de sa marchandise, l'assureur peut être tranquille : il ne court que les risques de mer véritables; si l'assuré n'a plus cet intérêt ou s'il en a un contraire, les risques de mer ne sont plus les seuls pour l'assureur, et le principe même de l'assurance est détruit, puisque ce supplément de risques, qui ne saurait être évalué, ne peut pas être compris dans la prime.

Mais ce n'est qu'incidemment que nous nous sommes arrêté à une objection d'espèce. Nous avons à examiner, en fait, quelles seraient les conséquences générales de l'autorisation d'assurer le bénéfice.

Le principe qui veut que l'assurance porte uniquement sur la valeur réelle, ou plutôt sur le prix coûtant de la marchandise, est aussi vieux que l'assurance elle-même.

Au seizième siècle, le *Guidon de la mer* ne faisait que résumer les règles adoptées par toutes les nations maritimes, quand il disait :

« Sur l'évaluation de la marchandise, il advient » de grands discords, car aucuns ont tenu que » l'estimation devait estre faite eu égard au temps » de la perte ; aultres, au temps où le navire est » arrivé à port de salut ; les plus récents sont » d'avis qu'il faut regarder au temps de l'achapt : » *ce qui se pratique en la perfection des cargaisons et* » *factures* » (1).

La législation générale était conforme à ce principe. Loin de le franchir, on restait plutôt en deçà : une ordonnance de Barcelone, de 1458, interdisait l'assurance de la valeur totale ; il en était de même d'une ordonnance de Philippe II, pour les Pays-Bas, de 1570 ; le Code maritime de Suède, de 1667, était aussi restrictif ; et l'ordonnance de Colbert, de 1681, portait encore, nous l'avons vu, la trace de cet excès de précautions.

De nos jours, un auteur estimé, William Benecke, a donné la vraie formule du but réel de l'assurance, telle que nous la comprenons. Cet auteur, partisan d'ailleurs de l'assurance sur bé-

(1) *Guidon de la mer*, chap. II, art. 12.

néfice, — dans des conditions qui sont bien loin de celles désirées aujourd'hui, — s'exprime ainsi en parlant des avaries, et de la valeur à donner à la marchandise :

« Il a été complétement démontré au chapitre Ier
» qu'il existe deux sortes d'assurances de mar-
» chandises, et conséquemment deux sortes d'in-
» demnités pour l'assuré : l'une dans laquelle
» cet assuré est placé, après une perte, dans la
» même situation que celle où il se fût trouvé si
» la perte n'était pas survenue ; l'autre par la-
» quelle il est placé, relativement aux marchan-
» dises assurées, *dans la même situation que celle*
» *où il était avant d'entreprendre sa spéculation*. Il a
» été de plus expliqué *que le dernier de ces deux*
» *modes était exclusivement adopté* (1). »

On n'a recours à l'assurance que pour ne pas perdre, dit Émerigon. Et il est évident qu'on ne perd pas lorsqu'on est rétabli, après le sinistre, dans la situation où l'on se trouvait avant.

Le droit tout entier, et la jurisprudence avec

(1) *Traité des principes d'indemnités en matière d'assurances maritimes*, par William Benecke, traduit et commenté par Dubernad, tome II, page 485. — Le système de Benecke, relativement à l'assurance du bénéfice, est extrêmement compliqué et difficilement praticable. Il n'est jamais passé dans l'usage, et s'éloigne trop de l'esprit dans lequel la réforme que nous combattons a été conçue pour qu'il soit nécessaire de nous arrêter à l'exposer et à le réfuter.

lui, protestent contre la prétention de faire assurer le bénéfice. Mais ce ne sont pas des objections de droit que nous voulons présenter; il est bien entendu que la réforme proposée détruit de fond en comble tout l'édifice de notre législation, en ce qui concerne les assurances ; mais puisque cette considération, qui n'a pas pu échapper aux membres de la Commission, ne paraît pas avoir été de nature à les retenir, c'est dans les faits que nous allons puiser nos arguments.

Puisque l'on a voulu préparer des mesures de nature à venir en aide à la marine marchande, il nous sera permis de remarquer, en passant, que le droit d'assurer le bénéfice espéré sur la marchandise ne la touche en aucune façon. Si je charge sur un navire dix caisses de marchandises cubant 5 mètres, ce cube ne sera ni augmenté ni diminué, — et je ne paierai par conséquent ni plus ni moins de fret, — que l'assurance soit faite pour 10,000 francs, valeur réelle des dix caisses, ou pour 12,000 francs, valeur de la marchandise et de son bénéfice.

Cette disposition serait donc sans intérêt aucun pour la marine. Est-elle plus utile au commerce de marchandises ? Nous allons voir que si l'intérêt existe, il est négatif.

Examinons auparavant, au point de vue de l'équité, quelques-uns des résultats de l'assurance sur bénéfice.

Un négociant charge 100,000 francs de marchandises à bord d'un navire quelconque ; l'assurance est conclue pour 150,000 francs, et le navire se perd : bénéfice 50,000 francs.

Le chargement est renouvelé et arrive cette fois à destination ; autre gain de 50,000 francs, si cette somme est véritablement la représentation du bénéfice réalisable.

Normalement, ce que le négociant doit souhaiter, c'est la bonne arrivée de la marchandise ; avec l'assurance du bénéfice, c'est la perte qu'il doit désirer, car elle doublera son profit ; et si l'expédition renouvelée se perdait encore, tout serait pour le mieux, car alors le bénéfice serait triplé.

Est-ce que cela est juste ? Est-ce que cela est honnête ? Est-il bon que le négociant souhaite la perte de sa marchandise ? N'est-ce pas le renversement de toutes les idées commerciales ?

Sans doute, nous avons pris une hypothèse extrême, mais il n'est pas difficile, sans aller aussi loin, de voir que l'assurance sur bénéfice, comme tout système dont le principe est vicieux, est de nature, dans certaines circonstances déterminées, à produire des effets opposés à ceux qu'on en espère, par exemple à nuire gravement au commerce honnête.

Ici, nous abandonnons le terrain hypothétique. C'est un fait que nous allons raconter, en demandant toutefois la permission de taire les noms.

Un mot d'explication préliminaire :

Tous les négociants qui ont habité au delà des mers, principalement dans les deux Amériques, connaissent l'extrême facilité avec laquelle des avaries plus ou moins fictives sont constatées. Une caisse semble-t-elle touchée d'eau de mer, le réceptionnaire adresse au consul une requête en nomination d'experts, qu'il désigne le plus souvent lui-même, et qui sont deux de ses confrères ou de ses amis. L'un de ceux-ci vient voir la caisse avariée, et c'est ordinairement le réceptionnaire lui-même qui indique à l'expert le degré d'avarie qu'il suppose, la valeur qu'aurait eue la marchandise à l'état sain, et généralement toutes les indications que renfermera le procès-verbal sur le vu duquel l'assureur paiera. L'expert signe et fait signer son collègue, qui d'habitude n'a rien vu. Plus le nombre des colis avariés ou prétendus tels est grand, plus il y a de chances pour que l'expertise soit faite d'une manière sommaire, sans aucune garantie pour l'assurance, et, on peut hardiment le dire, au gré et suivant le désir du réceptionnaire. Tout dépend donc de la délicatesse de celui-ci : le laissér-aller et la complaisance des experts ira aussi loin qu'il le voudra.

Nous le répétons : aucun de ceux qui ont vu constater des avaries dans un port d'outre-mer ne nous démentira. Les choses se passent telles que nous les disons, et si nous voulions que les teintes du tableau fussent plus accentuées, nous n'aurions qu'à passer la plume au premier venu de nos exportateurs, qui presque tous ont habité le pays avec lequel ils travaillent.

Cela étant entendu, voici notre histoire :

Deux navires sont arrivés à peu près en même temps au Callao (Lima) porteurs de deux cargaisons assorties comprenant chacune, entre autres marchandises, environ 350 caisses de bougies, soit ensemble 700 caisses, d'une valeur assurée de 160,000 francs.

Comme si Dieu avait voulu que ce fait servît plus tard de démonstration, cette valeur comprenait précisément un bénéfice de 20 0/0 sur le prix d'achat.

Les deux navires avaient passé le cap Horn, — l'endroit le plus dangereux de leur navigation, — dans la saison la plus favorable, et leur traversée entière s'était accomplie dans des conditions de tranquillité telle que pas un colis, à bord de l'un ou de l'autre, n'avait été avarié.

Nous nous trompons : si tout le reste de la cargaison était en état sain, la totalité des bougies, sur l'un comme sur l'autre, était avariée. Tel fut du moins le dire des experts : sur 700 caisses de bougies, ils n'en trouvèrent pas une seule intacte.

Dès lors, il n'y avait plus qu'à faire vendre, pour le compte des assureurs, cette marchandise dépréciée. La vente eut lieu : elle coïncidait, malheureusement, avec le commencement d'une crise commerciale qui avait raréfié l'argent, et sous le coup de laquelle languit encore le négoce du pays. Le résultat fut désastreux et se chiffra par une perte de près de 60,000 francs pour les assureurs.

Que résultait-il de cet événement pour l'assuré? Une opération magnifique et vraiment inespérée. Dans les circonstances ordinaires, le commerce des bougies, comme celui de toutes les denrées de nécessité courante, ne laisse qu'un mince bénéfice; dans la situation où se trouvait la place de Lima, ce bénéfice lui-même était compromis. Quoi de plus heureux, dès lors, que de vendre ces 700 caisses pour le compte des assureurs, et par conséquent, avec un bénéfice net de 20 0/0 ?

Quelques mois après ces faits, un négociant en *bougies* de Lima écrivait ce qui suit à son correspondant de Paris :

« Depuis la scandaleuse affaire de M..., nous » nous croisons les bras ; il nous est impossible » de vendre une seule caisse de nos bougies » jusqu'à ce que ces deux cargaisons soient tout » à fait entrées dans la consommation. »

Cela était tout naturel. Ayant eu la mauvaise chance de recevoir ses bougies en état sain, ce négociant ne pouvait pas les vendre à 15 0/0 au-dessous de son prix d'achat.

Tout cela est-il assez transparent? Nous faut-il

insister pour achever la démonstration ? Nous ne le croyons pas.

Pour répondre à une prétendue nécessité commerciale, les assureurs acceptent ordinairement une plus-value de 10 pour cent sur la marchandise ; c'est, dit-on, la représentation des frais généraux de l'assuré, de la perte d'intérêt possible en cas de sinistre. Cette concession, légère en apparence, a coûté aux assureurs des sommes énormes ; elle a amené, elle amène chaque jour des cas invraisemblables, des avaries de 50, de 60, de 80, de 95 0/0 sur les articles en apparence les moins avariables, sur des mouchoirs, des toiles, des chemises. On vient de voir ce que peut produire une surévaluation de 20 0/0. Jusqu'où cela irait-il si l'assurance du bénéfice devenait légale ?

L'Exposé des motifs semble croire que le bénéfice réel sera seul assuré. Et le projet de loi décide ou paraît décider que les frais d'expédition devront être, pour l'assurance, retranchés du bénéfice. C'est donc le bénéfice net.

Or, ce bénéfice net, qui peut le déterminer ? Pas plus l'assuré que l'assureur. S'agit-il d'exportation, j'ignore le prix que j'obtiendrai des cent douzaines de chaussures que j'expédie ; mon correspondant les vendra le plus cher possible, voilà tout ce que je peux dire. S'agit-il d'importation, je ne peux pas savoir quel sera le cours de l'indigo, lorsque les cinquante caisses que j'ai achetées à Calcutta seront vendues au Havre.

Comment donc pourrai-je faire assurer un bénéfice net ?

Cela est encore plus impraticable que l'assurance du fret net, puisqu'il y a pour celui-ci un élément connu et certain, qui est le montant du fret de sortie. Mais, en marchandises, rien n'est déterminé, pas plus pour l'aller que pour le retour.

Une révolution a éclaté à Buenos-Ayres, — cela n'est pas très-rare, — il y a quatre ou cinq mois. Toutes les marchandises en mer pour ce port avaient été expédiées avec l'espoir d'un gain ordinaire ; qu'est-il arrivé, cependant ? C'est que l'espoir a été déçu pour tout le monde, et qu'au lieu de bénéfice, beaucoup ont eu de la perte.

Il y a un an, une sorte de panique s'est emparée, en Europe, du commerce des cafés. Les cours, très-élevés, sont tombés de 20 à 25 0/0. Toutes les cargaisons en mer avaient été achetées très-cher et ont dû être réalisées avec une perte qui a amené la déconfiture de plus d'un spéculateur.

Comment assurer le bénéfice net, dans ces deux cas ? Que l'on remarque bien que notre objection n'a pas besoin, pour sa justification, d'une révolution dans la Plata ou d'une panique commerciale en Europe. Le cours ou la valeur de chaque marchandise subit des variations constantes, et jamais, absolument jamais, on ne peut

6

évaluer exactement le profit probable d'une opération maritime.

Autre exemple, qui nous a été donné par un ancien négociant des colonies :

La morue qu'on pêche sur le banc de Terre-Neuve est une des principales denrées d'alimentation de nos Antilles françaises, la Martinique et la Guadeloupe. Au moment de la pêche, quand les provisions anciennes sont épuisées, le premier navire qui arrive de Terre-Neuve vend sa morue 40 francs, 50 francs les 100 kilogrammes.

Qu'il en arrive un le lendemain, qui sera peut-être parti le même jour, il lui faudra écouler son chargement à 20 francs.

Comment, encore une fois, assurer le bénéfice net ? Comment même assurer le bénéfice brut, car pour l'un comme pour l'autre il n'y a aucune règle possible ? C'est l'inconnu, c'est l'arbitraire. Dès lors, il faut s'en rapporter à l'évaluation de l'intéressé, qui sera généralement porté à l'exagérer, et par suite à souhaiter la perte.

Quelle incitation à l'improbité, quel aliment donné à l'âpreté du gain ! A force de désirer la perte du navire, n'en viendrait-on pas quelquefois à aider les éléments ? Cela est arrivé sous l'empire de l'article 347; cela deviendrait fréquent après son abrogation.

Est-ce là l'intérêt du commerce maritime ? Nous

connaissons des négociants qui ont été contraints d'abandonner le commerce de tel ou tel article, à la suite de spéculations d'avaries qui les avaient littéralement avilis; l'expédition des chaussures pour les mers du Sud, par exemple, a été, pendant un temps, impossible pour les maisons honnêtes, qui ne voulaient pas faire constater des avaries quand il n'y en avait pas. Que dirait-on si l'on savait que certains assureurs ont payé 200,000 francs d'avaries sur 400,000 francs de chaussures envoyées par dix ou douze navires différents, qui tous arrivaient avec un même degré de prétendue mouillure d'eau de mer! Une résolution vigoureuse des assureurs, qui a fait classer les chaussures parmi les marchandises sur lesquelles on ne répond pas des avaries, a mis un terme à ce scandale. Mais qu'arrivera-t-il si la suppression de l'article 347 vient rendre inutiles toutes les précautions prises par les assureurs, non-seulement dans leur intérêt propre, mais encore dans l'intérêt supérieur du commerce lui-même?

Qu'on nous permette de revenir un moment sur terre, et de choisir un exemple dans les assurances contre l'incendie.

Quel est l'assureur contre l'incendie qui voudrait couvrir pour 500,000 francs une maison n'en valant que 300,000? Aucun. L'intérêt de l'assuré à voir sa maison incendiée serait trop manifeste.

Prenons un grand magasin de nouveautés qui vient de faire des achats considérables pour sa saison d'hiver : 2 millions de marchandises remplissent ses rayons, et le propriétaire compte en retirer un bénéfice de 500,000 francs. Cherchez donc une compagnie pour lui assurer ce bénéfice. Que vous répondra-t-on ? Que ce serait engager le propriétaire à mettre le feu à sa maison, puisqu'il réaliserait ainsi un bénéfice soumis, autrement, à toutes sortes de risques. Est-ce que ce propriétaire n'a pas pu se tromper sur la vogue possible d'un article de mode, que la circonstance la plus futile peut faire devenir une très-mauvaise opération ? Est-ce qu'il est impossible que tel événement politique ou financier vienne entraver les affaires, et réduire ou annuler le résultat de la saison ?

Et si une allumette intelligemment placée peut débarrasser le négociant de toutes ces inquiétudes, de tous ces risques, comment ne pas craindre que la tentation soit parfois trop forte ?

Encore faut-il remarquer que l'assuré terrestre est voisin de son assureur, et qu'il a tout à redouter d'une police vigilante et d'une justice inflexible, alors que l'assuré maritime opère à 3,000 lieues d'ici, dans des contrées où le laisser-aller et le laisser-faire ont à peu près libre carrière, moyennant les précautions les plus vulgaires.

Encore faut-il ajouter que nous posons ici

l'hypothèse d'un bénéfice probable, appréciable, tandis qu'en assurance maritime les exagérations les plus fantaisistes sont toujours à craindre, tout contrôle étant impossible.

Pourquoi le Conseil d'État a-t-il prétendu que les facilités nouvelles offertes aux assurés maritimes offriraient des dangers, appliquées aux assurances terrestres? Le contraire est plus vrai.

Peut-être dira-t-on que tous les exemples que nous citons tombent sous le coup de la loi pénale, qui saura bien les atteindre s'ils se présentent, et que ce n'est pas une raison pour interdire à la masse du commerce, qui est honnête, de s'assurer un bénéfice laborieusement préparé, alors que ce bénéfice peut être enlevé par un naufrage.

Nous en appelons à la conscience de tous ceux qui s'occupent de commerce maritime; qu'ils disent avec nous combien il est aisé de se soustraire, dans ce commerce, aux conséquences rigoureusement possibles d'un acte indélicat et dolosif; ne sait-on pas que toutes les procédures d'avaries, par exemple, sont d'autant plus régulières que les réclamations sont plus abusives? Les assureurs, dont les intérêts sont en jeu, ne parviennent que bien rarement à se soustraire au remboursement de pertes ou d'avaries dues à toute autre cause que le risque de mer. La loi actuelle, cependant, leur donne encore une certaine protection; le jour où cette protection leur ferait défaut, la fraude deviendrait encore bien plus aisée.

Il ne faut pas que le commerce honnête s'illusionne : les libertés demandées ne lui profiteront pas; quelques *habiles* sauront en tirer parti, au grand dommage des négociants probes et scrupuleux. Qu'on médite à ce sujet l'exemple que nous avons cité plus haut : cette histoire de bougies, absolument véridique, peut servir d'enseignement.

Voilà une première raison pour ne pas assurer le bénéfice espéré, même aux plus honnêtes négociants.

En voici une autre :

Pourquoi le banquier qui escompte de bonnes signatures se contente-t-il de gagner 3 ou 4 0/0, suivant le plus ou moins d'abondance de l'argent? C'est parce que le risque qu'il court est relativement faible, et qu'un bénéfice de 3 ou 4 0/0 le couvre largement.

Pourquoi, au contraire, le négociant qui travaille avec les pays lointains, fait-il ordinairement produire à son argent un intérêt de 15, de 20 et même de 30 0/0? C'est parce que les risques de ce commerce sont cinq ou six fois plus grands que ceux du banquier. La force des choses le veut ainsi, et il ne serait pas juste, — en outre que cela est impossible, — que ces risques soient presque en entier couverts par l'assurance.

Qui pourrait citer un commerçant ruiné ou seulement gêné par un sinistre maritime? Personne; il est désolant de dire que le contraire se voit trop souvent. Ou cela ne signifie rien, ou cela veut dire que le commerce n'a pas besoin de l'assurance du bénéfice espéré.

La marine marchande, de son côté, n'en peut retirer aucun profit.

A quoi peut servir, dès lors, la réforme annoncée? A bouleverser les assurances, à ébranler leur solidité, et à causer, par contre-coup, un sérieux préjudice au commerce maritime.

Il nous paraît impossible que l'Assemblée nationale sanctionne une mesure qui porterait un coup fatal aux intérêts que l'on veut protéger.

VI

L'ASSURANCE DES GAGES DES MATELOTS ET DU PROFIT MARITIME.

C'est d'une façon tout à fait incidente que la question des gages de l'équipage s'est présentée devant la Commission. Nous avons vu, en effet, que le ministre de la marine, frappé de la dissemblance du traitement des matelots entre la marine militaire et la marine de commerce, avait appelé l'attention de la Commission sur cette question.

Voici comment s'exprime à ce sujet le Code de commerce, dans les articles 258 et 259 :

« Art. 258. — En cas de prise, de bris et » naufrage, *avec perte entière du navire et des mar-* » *chandises*, les matelots ne peuvent prétendre » aucun loyer. — Ils ne sont point tenus de res- » tituer ce qui leur a été avancé sur leurs loyers.

» Art. 259. — Si quelque partie du navire est

» sauvée, les matelots engagés au voyage ou au » mois sont payés de leurs loyers échus sur les » débris du navire qu'ils ont sauvés. — Si les » débris ne suffisent pas, ou s'il n'y a que des » marchandises sauvées, ils sont payés de leurs » loyers subsidiairement sur le fret. »

Ainsi, les matelots engagés au mois ou au voyage ne peuvent être privés de leurs gages qu'en cas de *perte totale* du navire et de sa cargaison. Car, si faible que soit le sauvetage, le privilége que la loi leur donne peut être considéré comme une garantie absolue.

Quant aux matelots engagés au fret, — ce qui ne concerne guère que les armements de pêche, — ils sont également (art. 260) privilégiés sur le sauvetage du fret.

Assurément, c'est une pensée d'humanité que celle de garantir au matelot le paiement de ses gages, même en cas de perte totale du navire et de la marchandise. Mais il y a là un bien mince intérêt, car ce cas est le plus rare de tous; il n'y a guère que la perte sans nouvelles et l'abandon en mer qui le réalisent. Or a-t-on connaissance que les marins aient jamais réclamé contre l'article 258? Nullement. Il nous est donc permis de dire que la sollicitude du ministre a été un peu loin, surtout si l'on considère les conséquences qui sont résultées de l'adoption de ses vues par la Commission.

Car, — ne l'oublions pas, — c'est uniquement

pour garantir les gages en cas de perte totale que la Commission, obligeant les armateurs à les payer, a cru devoir offrir à ceux-ci, comme compensation, l'abrogation de l'article 347.

Émérigon avait dit, à propos de la défense d'assurer le loyer des gens de mer :

« La raison en est que le salaire ne forme pas » un objet physique qui soit dans le navire. » C'est une créance conditionnelle qui dépend » du sort de la navigation. C'est un profit et une » récompense. »

Et, citant Pothier :

« Les loyers sont des gains que les gens de » mer manquent de faire, si le vaisseau périt, » plutôt qu'une perte qu'ils courent risque de » faire. »

Ce sont là les véritables principes ; mais nous avons vu que la Commission s'en est peu préoccupée. Elle paraît avoir été plus sensible à l'observation suivante, par laquelle Émérigon appuie l'interdiction :

« Il y a une autre raison : c'est la crainte que » les gens de mer, étant assurés de leurs loyers, » ne fussent moins attentifs à la conservation » du vaisseau, auquel ils n'auraient plus d'inté- » rêt (1). »

En effet, plusieurs des membres de la Commission, M. Cyprien Fabre, M. de Courcy, ont

---

(1) Émérigon, *Traité des Assurances*, chap. VIII, section x.

fait des observations et des réserves sur cette innovation. M. de Courcy a cité un fait bien connu, celui des abandons en mer, fréquents dans la marine anglaise, où les matelots sont payés jusqu'au jour de la perte, et plus rares chez nous, où ils sont dans ce cas privés de leurs salaires.

Le président, M. Deseilligny, avait peine lui-même à accorder la disposition proposée avec le but poursuivi par la Commission. Mais la dépêche du ministre de la marine s'imposait aux travaux des commissaires; elle était d'ailleurs appuyée, paraît-il, par une réclamation de la Chambre de commerce de Bordeaux, et dans la séance du 20 décembre, la rédaction suivante, proposée par M. Grivart, a été adoptée :

« En cas de prise, naufrage ou innavigabilité, » les matelots engagés au mois ou au voyage » sont payés de leurs salaires jusqu'au jour de » la cessation de leurs services, à moins qu'il » ne soit prouvé que la perte du bâtiment est le » résultat de leur faute ou de leur négligence, » ou qu'ils n'ont point fait tout ce qui était en » leur pouvoir pour le sauver.

» Dans ce dernier cas, il appartient aux tribu- » naux de statuer sur la suppression ou sur la » réduction de salaire qu'ils ont encourue. »

C'est, à peu de chose près, le texte du projet de loi.

Comment personne dans la Commission n'a-t-il récalmé contre la disposition votée immédiatement après, et qui a pour objet l'abrogation de l'article 347? C'est ce que nous renonçons à comprendre.

Comment l'unique assureur qui faisait partie de la Commission, M. de Courcy, n'a-t-il pas fait remarquer que cette abrogation, comme conséquence du paiement des gages en cas de naufrage, était absolument inutile? Dès que les armateurs courent le risque de payer les gages en cas de perte de leur navire, il est clair qu'ils ont le droit de les faire assurer. Rien dans la loi ne les en empêche, et une assurance de cette nature serait d'ailleurs absolument conforme à l'esprit dans lequel sont conçues toutes les dispositions du Code de commerce.

L'article 15, livre III, titre VI de l'Ordonnance de 1681, plus correct comme rédaction que l'article 347, défend *aux gens de mer* d'assurer leurs loyers, mais nullement *aux armateurs* s'ils sont tenus de les payer :

« Les propriétaires de navires ni les maîtres » ne pourront faire assurer le fret à faire de » leurs bâtiments, les marchands le profit espéré » de leurs marchandises, *ni les gens de mer leurs* » *loyers.* »

Tel est le texte de l'article 15 de l'Ordonnance, qui se trouve reproduit d'une manière moins claire dans l'article 347 du Code de commerce, mais l'esprit est absolument le même, et aucun des commentateurs ne voit dans cet article 347 autre chose que les articles 15 et suivants de l'Ordonnance.

Il est étrange que ce point de vue n'ait pas été envisagé par la Commission, et il nous paraît tout à fait incompréhensible, nous le répétons, qu'un assureur éminent comme M. de Courcy n'ait pas remarqué qu'une courte explication eût enlevé à la Commission tous ses scrupules. En effet, si l'assurance des gages à payer en cas de perte est possible, il n'y a plus de *compensation* à offrir aux armateurs. Partant, plus d'abrogation de l'article 347.

Toutefois, cette faculté d'assurer les gages était-elle indispensable ? répond-elle à une nécessité reconnue ?

Nous l'avons dit, les intéressés ne l'ont pas réclamée. La Chambre de commerce de Bordeaux paraît être la seule qui en ait fait la demande, puisque M. Cyprien Fabre a pu dire dans la Commission, sans être repris :

« Il s'est produit deux opinions dans le sein » de la Commission. La plus libérale pour les » matelots est celle qui a prévalu, et qui se » trouve consignée dans le rapport. L'autre, *que* » *je partageais avec toutes les Chambres de commerce* » *de France, consistait dans le maintien du* statu » quo. »

Il est bien certain que la disposition proposée répond à un intérêt respectable, mais minime ; il est bien certain aussi que ses conséquences ne peuvent manquer de causer un préjudice appréciable à la marine, en rendant les abandons plus fréquents ; il est bien certain, enfin, qu'il y a là une dérogation formelle au principe de l'assurance, puisqu'il s'agit d'assurer un *bénéfice espéré*. Mais nous ne sommes pas assez absolu pour nous écrier : « Périssent les colonies plutôt qu'un principe ! » et nous passerions condamnation sur ce point, surtout avec la rédaction mitigée que M. Grivart a fait voter, et que le projet de loi adopte à peu près.

Nous insistons donc uniquement sur l'inutilité de l'abrogation d'une disposition de l'article 347 qui vise seulement les matelots, mais qui ne défend pas le moins du monde aux armateurs d'assurer les gages, pour le cas où la loi les obligerait à les payer malgré la *perte totale* du navire et de la cargaison.

Il nous reste à dire quelques mots de l'assurance du *profit maritime*, c'est-à-dire de la prime consentie par l'emprunteur en faveur du prêteur à la grosse.

« Le contrat du prêt à la grosse, dit Pothier,
» est un contrat par lequel l'un des contractants,
» — qui est le prêteur, — prête à l'autre, — qui
» est l'emprunteur, — une certaine somme d'ar-
» gent, à condition qu'en cas de perte des effets
» pour lesquels cette somme a été prêtée, arrivée
» par quelque fortune de mer ou accident de

» force majeure, le prêteur n'aura aucune répé-
» tition, si ce n'est que sur ce qui en restera, et,
» qu'au cas d'heureuse arrivée, et au cas qu'elle
» n'aurait été empêchée que par le vice de la
» chose, ou par la faute du maître ou des mari-
» niers, l'emprunteur sera tenu de rendre au
» prêteur la somme avec un certain *profit con-*
» *venu*, pour le prix du risque desdits effets. »

C'est ce profit qu'on appelle *prime de grosse*, et que l'article 347 défend d'assurer.

Il faut voir dans cette interdiction, renouvelée de l'Ordonnance de 1681, une préoccupation très-grande de la défense du principe, que l'assurance ne peut garantir aucun bénéfice, car on ne peut ici invoquer que faiblement les raisons pratiques de l'interdiction.

Quant un banquier de l'île Maurice a prêté à la grosse 100,000 francs pour les répartitions d'un navire, à la prime de 40 0/0, il est certain qu'il n'a pas d'intérêt bien apparent à ce que le navire n'atteigne pas Nantes, sa destination, puisque c'est là qu'il sera remboursé de son capital et de sa prime; il est certain, par conséquent, qu'il ne peut être soupçonné de faire quoi que ce soit pour amener la perte, sa prime fût-elle même assurée, puisqu'il recevra cette prime, soit de l'armateur, soit de l'assureur. On pourrait donc admettre cette faculté d'assurer la prime, bien que dans certains cas, rares, nous en convenons, il soit dans l'intérêt du prêteur de voir le navire se perdre, sa prime étant assurée (1).

Toutefois, à quoi bon cette dérogation au principe si elle est sans utilité pour le commerce maritime ?

« Permettre l'assurance de ce profit comme » celle du capital prêté, dit l'Exposé des motifs » du projet de loi, c'est rendre certain l'abais- » sement des primes de grosse, l'absence des » risques devant amener, nécessairement, la di- » minution du taux de l'intérêt ; c'est, dès lors, » procurer aux entreprises de commerce maritime » des facilités plus grandes de crédit. »

C'est ainsi que raisonnait le Conseil de commerce de Nantes, — nous l'avons vu — en 1807. Que valait alors ce raisonnement ? Nous n'en savons rien. Mais, appliqué à notre époque, il dénote, qu'on nous permette de le dire, une inexpérience regrettable de la matière.

En effet, le capital prêté ne court aucun risque, puisqu'il peut toujours être assuré, et le taux de la prime n'est déterminé que par la rareté ou l'abondance de l'argent sur le lieu de l'emprunt. C'est pourquoi on a vu des emprunts

---

(1) Nous ne citerons qu'un de ces cas, notre intention n'étant pas de nous étendre sur ce sujet. — Un prêteur a compté 100,000 francs à 30 0/0 sur une cargaison de laine qui arrive à destination dans un état d'avarie tel qu'elle vaut à peine le montant du prêt ; la prime est perdue pour le prêteur, tandis que le navire ayant coulé en mer, l'assureur la lui aurait remboursée.

à la grosse, à Saint-Thomas, par exemple, consentis à 50 0/0 de prime, et d'autres à 2 0/0.

Nous avons connaissance d'un fait, qui n'est d'ailleurs pas rare, et dont il serait aisé de trouver d'autres exemples.

Un navire en relâche à Rio-Janeiro, dans un voyage de San-Francisco à Bordeaux, avait besoin de 60,000 francs pour solder un compte de réparations. Au même moment, une maison de Rio cherchait à faire une remise sur France autrement qu'en traites, à cause du change défavorable qu'il lui aurait fallu subir ; cette maison consentit le prêt demandé *au pair*, c'est-à-dire sans aucune prime. De cette façon, elle faisait rentrer 60,000 francs en France en s'éxonérant de la perte que le change lui aurait occasionné.

Quinze jours plus tard, toujours à Rio-Janeiro, un navire destiné pour Marseille se trouvait dans le cas du premier : il fit un emprunt d'une quarantaine de mille francs, à 35 0/0 de prime !

En fait, l'assurance de la prime de grosse ne peut donc profiter au commerce ; comme l'emprunt, d'ailleurs, n'est jamais demandé que pour la réparation d'avaries, cette prime se trouve remboursée par les assureurs, en même temps que les avaries elles-mêmes.

En fait aussi, les navires anglais n'empruntent guère à meilleur marché que les nôtres, quoiqu'on puisse, en Angleterre, assurer la prime. C'est donc une erreur de croire que la faculté d'assurer cette prime puisse procurer au commerce *des facilités plus grandes de crédit*. Ces facilités tiennent uniquement, nous le répétons, au plus ou moins d'abondance de l'argent et à la concurrence des prêteurs.

Toutefois, nous avouons que le principe, seul ou presque seul, est intéressé à l'interdiction d'assurer la prime de grosse, ou *profit maritime*, et si l'on pouvait trouver, au point de vue commercial, la nécessité de lever cette interdiction, nous serions d'avis qu'on la levât.

Jusqu'à présent, la nécessité n'étant pas apparue, nous souhaitons le maintien du principe.

VII

LA COMMISSION ROYALE D'ANGLETERRE.

C'est en se prévalant des législations étrangères, qu'on a cru pouvoir justifier les nouveautés proposées ; puisqu'on peut faire assurer, en Angleterre, par exemple, le fret et le bénéfice, pourquoi ne le pourrait-on pas en France ? Pourquoi nous priver plus longtemps « des avantages que donnent les législations commerciales des nations concurrentes où la liberté des assurances maritimes existe (1) ? »

Voilà la grosse objection, celle que nous feront ceux qui se dispensent par là d'étudier la question. C'est si facile à dire : L'Angleterre est la nation commerçante par excellence, faisons ce qu'on fait en Angleterre ; les armateurs anglais peuvent faire assurer leur fret, pourquoi les ar-

(1) Exposé des motifs.

mateurs français ne le pourraient-ils pas? les négociants anglais ont la faculté de faire assurer leurs bénéfices, pourquoi refuser la même faculté à nos négociants?

Pourquoi? Nous allons le dire, et c'est par ces observations que nous terminerons notre travail.

Il y a environ deux ans, M. Plimsoll, membre de la Chambre des communes, publiait sous ce titre : *Our Seamen* (*Nos Marins*), une violente et éloquente attaque contre la cupidité, l'imprévoyance et l'impéritie des armateurs ou des sociétés de transport qui mettaient à la mer des navires innavigables destinés fatalement à devenir, avec leurs équipages, la proie de l'Océan.

Cette publication arrivait à point : l'opinion publique, en Angleterre, était émue des pertes successives de navires à vapeur *neufs*, dont plusieurs avaient disparu sans qu'on eût de leurs nouvelles. Les journaux maritimes venaient de publier une liste de *vingt et un* de ces derniers, disparus depuis moins de trois mois, avec leurs équipages.

Jusque-là, de semblables catastrophes étaient à peu près sans exemple. Comment comprendre que les progrès de la science, loin d'augmenter la sécurité de la navigation, en aient ainsi décuplé, centuplé les dangers?

L'émotion était vive, et le livre de M. Plimsoll lui fit faire explosion. Une polémique ardente, passionnée, s'engagea sur le thème proposé, et le retentissement en fut tel que le Gouvernement lui-même s'en préoccupa.

On sait le respect que rencontrent en Angleterre les coutumes établies ; on sait avec quelle sage lenteur s'opèrent les réformes, et quelle répugnance éprouve toujours le Gouvernement à provoquer une modification quelconque aux usages, aux traditions qui forment le fond de la jurisprudence anglaise.

Quoi qu'il en soit, sous la pression de l'opinion surexcitée, le gouvernement de la Reine institua le 29 mars 1873 une commission d'enquête dont le duc de Somerset était président, et dont le fils de la reine lui-même, le prince Alfred, faisait partie comme officier de marine.

Il nous serait bien difficile de ne pas signaler l'analogie que présentent l'institution de la Commission anglaise et celle de la Commission française. L'une émane du Gouvernement, et l'autre de l'Assemblée elle-même (1) ; elles ont toutes les deux pour mission de rechercher ce qu'il est possible de faire pour remédier à l'état fâcheux de la marine, qui souffre ici de sinistres répétés, là de la concurrence et du manque de fret ; si l'analogie du but n'est pas absolue, il est néanmoins certain que les deux Commissions avaient de grandes chances de se rencontrer sur quel-

(1) C'est en exécution de la loi du 28 juillet 1873, que la Commission du 15 octobre a été instituée.

ques points de leur étude. Dans l'une comme dans l'autre, par exemple, la question des assurances devait être soulevée. Et c'est précisément ce qui est arrivé.

Ce n'est pas que les travaux de la Commission anglaise aient donné des résultats pratiques importants ; dans son premier rapport, présenté solennellement aux deux Chambres par ordre de la Reine, la Commission déclare « qu'il importe d'intervenir aussi peu que possible dans la liberté d'entreprise de l'Angleterre (1). » Et, en fait, elle n'est pas intervenue du tout, puisqu'elle n'ose conseiller aucune réforme, aucune précaution législative.

Toutefois, la Commission a étudié, elle a entendu les témoignages de tous ceux qui peuvent faire autorité en matière maritime ; elle a constaté l'état des choses, elle l'a parfois déploré ; elle a émis timidement certains vœux, et nous voulons rechercher dans son travail les constatations et les vœux qui touchent au sujet que nous traitons.

On connaît l'orgueil, — souvent justifié, — de la nation britannique. Nous allons donc trouver dans les deux rapports de la Commission la glorification de cette liberté des assurances dont on veut doter la France.

---

(1) Les citations que nous ferons du Rapport de la Commission anglaise sont empruntées à une excellente traduction de M. Charles Bal, l'éminent directeur du *Bureau Veritas*.

Voyons :

« Dans un milieu de grandes transactions » commerciales, dit le premier Rapport, l'assu- » rance maritime est une nécessité. Ce système » met les négociants à même de parer à des » pertes qui sans cela entraîneraient leur ruine, » *mais en même temps il a pour effet de les rendre* » *indifférents aux dangers inséparables de la carrière* » *maritime.* »

Comment ! c'est en Angleterre qu'on dit cela !

C'est en Angleterre.

Et ce n'est pas là une opinion irréfléchie, donnée comme par hasard ; nous la retrouvons dans le second Rapport sous une forme à peu près semblable :

« Les assurances maritimes, tout en sauvegar- » dant les intérêts des armateurs, en les couvrant » des pertes qui seraient sans cela ruineuses, » *tendent à les rendre moins soucieux du bon état de* » *leurs navires.* »

Cela est évident. Et nous voilà déjà autorisé à constater que la Commission anglaise est plus sévère, — en théorie, — que nous ne l'avons été nous-même.

« On a émis l'idée, » dit encore le Rapport, qu'on peut considérer ici comme le miroir de l'opinion, puisqu'il reproduit, en les condensant, les dépositions principales, — « on a émis l'idée » que puisque la faculté de s'assurer met les ar- » mateurs à l'abri de pertes pécuniaires, et par

» conséquent les rend moins soigneux de la bonne » navigabilité de leurs navires, *une certaine limite » apportée au montant de l'assurance* en proportion » de la valeur du navire serait utile et ajouterait » à la sécurité de l'existence du marin. »

Voilà donc l'opinion de l'Angleterre qui se fait jour : tandis qu'en France on se prépare à étendre les facultés d'assurances, on songe, en Angleterre, à les restreindre.

Cette préoccupation, chez nos voisins, était antérieure aux faits douloureux signalés par M. Plimsoll. Un journal anglais (1) raconte qu'un assureur, M. James Hall, de Newcastle, avait essayé, en 1866, « de constituer un club pour » l'assurance des navires de classe inférieure et » des navires non classés, pour lesquels l'assu- » rance aurait été limitée à 75 0/0 de la valeur » à taxer par le club. Les armateurs donnaient » à leurs navires une valeur exagérée, et l'ex- » trême difficulté qu'on rencontra à faire exécuter » cette règle la fit abandonner. »

Cependant le même journal mentionne un club assurant spécialement les vapeurs, et où « les armateurs sont rarement admis à les assurer pour plus de moitié de leur valeur ».

Ainsi, dans le pays de la liberté par excellence, l'opinion semble rechercher dans une limitation des valeurs assurées une garantie contre la mul-

---

(1) La *Shipping and Mercantile Gazette*, du 2 mars 1874.

tiplicité des naufrages. Le Rapport manifeste ce sentiment, et lui donne ainsi la valeur d'un argument sérieux. Intéressez l'armateur à la conservation de son navire, dit-on en Angleterre, en réduisant la valeur d'assurance. — Intéressez l'armateur à la perte de son navire, dit-on en France, — involontairement, nous en convenons, — en lui donnant la faculté d'assurer même son fret.

« La concurrence en matière d'assurances, — nous citons toujours le Rapport de la Commission royale, — « encourage la négligence chez » les armateurs et, par cela même, augmente le » nombre des sinistres. **La loi a produit les mêmes » résultats**, non-seulement en indemnisant l'armateur de toute perte quand son navire avait » coulé en mer, mais encore en le mettant à » même, en certains cas, de tirer un profit pécu- » niaire de la perte de son navire. »

La loi a produit les mêmes résultats, la loi a *augmenté le nombre des sinistres !* Quelle loi ? Celle qui autorise l'assurance du fret, du profit espéré. C'est la Commission royale qui le dit ; cette loi a *augmenté le nombre des sinistres !*

Et le Rapport ajoute, un peu plus loin : « L'assurance maritime est essentiellement un con- » trat d'indemnité, et l'esprit du contrat est violé » dès que l'assuré peut faire tourner en une » source de gain les pertes qui lui surviennent.

» *La loi actuelle a pourtant permis une déviation considérable à ce principe fondamental.* »

La voilà donc jugée, cette législation de l'Angleterre qu'on veut implanter en France. On ne niera pas la compétence de ceux qui parlent ainsi ; ils ont derrière eux, d'ailleurs, l'opinion publique du pays, qu'ils n'ont fait que résumer.

Nous aimons à croire que les membres de la Commission française ont ignoré les travaux de la Commission anglaise ; n'y avait-il cependant pas lieu de s'en enquérir ? Fallait-il s'en rapporter à de vagues considérations sur la législation étrangère, sans savoir comment cette législation était appréciée par ceux qui la subissent ? Ne devait-on pas en outre, étudier les conséquences des prohibitions de l'article 347, voir si ces prohibitions avaient causé quelque dommage à la marine ? car enfin, on ne change pas une loi pour l'unique plaisir de la changer ; ce n'est qu'après en avoir longtemps constaté les inconvénients, nous dirions même les dangers, qu'on peut reconnaître la nécessité de la reviser et se rendre compte, en même temps, de l'esprit à donner aux modifications dont elle est susceptible.

Puisqu'on veut imiter l'Angleterre, qu'on prenne pour exemple l'extrême répugnance de ses législateurs pour toutes les nouveautés qui n'ont pas fait leurs preuves.

Certes, la Commission royale a durement jugé

la loi anglaise; elle en a constaté, dans un grand nombre d'exemples que nous n'avons pas cités, les conséquences déplorables. Et cependant, elle n'en propose pas la modification.

« Il est difficile d'intervenir dans les pratiques
» qui se sont produites avec le développement
» du commerce, — dit le Rapport, — sans courir
» en même temps le risque de créer quelque
» nouveau danger, tout en nous efforçant d'as-
» surer plus de sécurité à la navigation. Il nous
» paraît donc à la fois injuste et peu sage d'in-
» tervenir dans le contrat passé entre l'assuré et
» l'assureur, à moins que le système entier de
» nos assurances ne soit l'objet de révisions, et
» qu'il ne soit modifié de manière à rendre à
» l'assurance maritime son véritable caractère
» qui peut se formuler comme suit : *Un contrat*
» *d'indemnité ayant pour but de protéger l'assuré contre*
» *les pertes occasionnées par des accidents qu'il lui est*
» *impossible de prévoir.* »

Et, un peu plus loin :

« Ce n'est qu'avec une certaine appréhension
» que nous nous serions occupés de la révision
» du système de notre loi d'assurances maritimes,
» parce que, sous bien des rapports, il nous
» paraît important qu'avant d'entreprendre une
» semblable tâche, on ait essayé d'amener les
» autres nations à nous prêter leur concours pour
» formuler et adopter un Code général des lois
» d'assurance.....

» *Après avoir examiné les Codes étrangers, nous*
» *sommes portés à espérer qu'aucune difficulté insur-*
» *montable ne pourrait rendre impossible la réalisation*
» *de cet important projet.* »

Voilà une aspiration nettement exprimée : après avoir constaté que la législation libérale tant vantée de l'Angleterre n'est pas étrangère à l'accroissement du nombre des sinistres, après avoir reconnu que cette législation a permis *une déviation considérable* au principe de l'assurance, la Commission royale semble espérer qu'il sera possible un jour, d'accord avec les autres nations maritimes, d'établir un Code d'assurances destiné, en relevant le principe, à mettre un terme aux abus qui ont résulté de son abandon.

Et c'est en s'appuyant sur cette législation ébranlée, frappée de coups sous lesquels elle chancelle, que le projet de loi s'offre à l'examen de l'Assemblée nationale. Alors que nous avons eu le bonheur de conserver les saines traditions de l'assurance, alors qu'elles sont consacrées chaque jour par nos tribunaux, alors que nos voisins aspirent à nous imiter, on nous propose d'adopter les usages qu'ils condamnent ; on nous propose de jeter au panier une jurisprudence trois ou quatre fois séculaire, et de frapper à la fois les assurances et le commerce maritime lui-même, dont les intérêts, quoi qu'on puisse en dire, sont absolument identiques.

Non, cela n'est pas possible. On reconnaîtra

qu'on s'est trompé; on s'arrêtera devant les conséquences imprévues d'une réforme qu'on avait crue d'abord inoffensive. On verra que le commerce honnête n'a pas besoin des libertés dont le commerce déshonnête profiterait seul, aux dépens d'une institution sans laquelle les transactions maritimes seraient presque impossibles.

Est-ce à dire que le projet de loi doive être retiré ? Non. Les modifications proposées aux article 216, 258, 262, 263, 265 et 315 du Code de commerce ont un but humanitaire respectable et n'affectent gravement aucun principe; on peut les conserver. Mais les articles 334 et 347 doivent demeurer ce qu'ils sont. L'économie du projet n'en sera pas affectée, car nous avons démontré qu'il n'existe aucune connexité entre les dispositions nouvelles touchant le sort du marin et l'étonnant renversement de principe qui résulterait de la réforme des articles 334 et 347.

Nous attendons avec confiance, du Gouvernement et de l'Assemblée nationale, l'abandon de la nouvelle rédaction proposée pour ces deux articles.

VIII

CONCLUSION

La question soumise à l'Assemblée nationale ne lui apparaît, en considérant le projet de loi, que sous une de ses faces.

Pour se rendre compte de l'intérêt supérieur qui s'attache à cette question, il faut jeter un coup d'œil rapide sur le rôle que joue l'assurance dans les affaires maritimes.

Il serait puéril de contester les services que l'assurance a rendus au commerce de mer. Elle est l'âme de ce commerce, qui lui doit, sinon sa naissance, au moins le développement merveilleux qu'il a pris. On ne saurait aujourd'hui le concevoir sans cette égide qui le couvre de sa protection et l'exonère des risques auxquels l'expose l'élément terrible sur lequel il s'exerce.

Mais, il faut bien en convenir, *l'assurance tend*

à rendre les armateurs moins soucieux du bon état de leurs navires, comme le dit la Commission anglaise, et les négociants moins intéressés à la bonne arrivée de leurs marchandises, ajouterons-nous.

S'il en est ainsi, une lourde responsabilité pèse sur les assureurs. Il est certain qu'un mauvais navire ne serait pas mis à la mer s'il ne pouvait pas se faire assurer, et s'il vient à se perdre avec son équipage, l'assureur qui l'a couvert est la cause première de la catastrophe. On pourra s'en prendre au constructeur qui aura employé des matériaux défectueux, à l'armateur qui aura été trop parcimonieux dans les dépenses d'entretien; il n'en restera pas moins vrai que la parcimonie de l'armateur et les fautes du constructeur eussent été sans conséquences si le navire n'avait pas trouvé d'assureur.

L'assurance a ainsi contribué à rendre plus rapide qu'il ne l'eût fallu la transformation du matériel naval, la substitution de la vapeur à la voile.

Lorsqu'un progrès est offert à l'industrie terrestre, lorsqu'une machine nouvelle, par exemple, sollicite l'épreuve de la fabrique, avec quelle sage lenteur, avec quelles minutieuses précautions l'invention n'est-elle pas essayée! On marche à pas comptés, ne livrant rien à l'imprévu, car l'insuccès pourrait avoir les plus graves conséquences. Le progrès, cependant, n'est pas entravé; mais il suit sa marche sans secousses, à la manière de ces fleuves majestueux dont le cours calme et tranquille est cependant irrésistible.

Pour la marine, c'est tout autre chose. Un projet nouveau est-il conçu, s'il fait espérer quelque avantage, on passe immédiatement à l'exécution. On imagine un jour de couper les anciens navires à vapeur en deux pour les allonger et leur donner ainsi une capacité plus grande; sur un vapeur qui porte 1,500 tonneaux, on gagnera 500 tonneaux. Vite à l'œuvre! Deux ans se sont à peine écoulés qu'une quinzaine de navires transatlantiques sont ainsi transformés; cet assemblage est-il solide? N'est-il pas résulté du nouveau travail un ébranlement général qui nuit à l'équilibre du bâtiment? Deux ou trois de ces vapeurs transformés qui se perdent en mer permettent de le craindre. Mais qu'importe! ils sont assurés!

La concurrence de plus en plus active des lignes de steamers amenant l'abaissement du fret, il a fallu trouver dans l'économie des constructions la compensation nécessaire. C'est ainsi qu'on a vu employer pour les navires en fer des tôles tellement minces que le moindre échouement amenait la perte totale. Le nombre de vapeurs neufs qui se sont ainsi *cassés en deux* est prodigieux. Qu'est-ce que cela fait? ils étaient assurés!

Cette multiplicité de naufrages, dont l'opinion s'est émue, ne provient que des expériences faites au compte des assureurs. L'assurance a produit cet étrange phénomène du progrès des sciences s'appliquant à la construction des navires et aboutissant à diminuer la sécurité de la navigation dans une proportion considérable. Le transatlantique *Panama*, âgé d'environ dix ans, échoué sur les rochers de Santander, était relevé au bout de deux mois, presque intact. Le transatlantique *Tacora*, sorti depuis six mois des chantiers, s'échouait près de Montevideo et était *cassé en deux* le surlendemain.

Est-ce à dire qu'il faut, pour diminuer l'accroissement effrayant du nombre des naufrages, supprimer l'assurance ? Le moyen serait radical et dépasserait le but ; mais il est bien certain qu'une application rigoureuse du principe de l'assurance atténuerait sensiblement le mal. Si le navire n'était couvert que pour sa valeur intrinsèque et réelle, l'armateur n'aurait guère d'intérêt à tenter une expérience dont l'insuccès lui causerait toujours un certain préjudice. Et si ce n'était pas assez, un dixième non assuré, par exemple, stimulerait son zèle et sa prudence. Désormais, son intérêt se trouvant engagé, on pourrait compter sur sa sagesse, qui trouverait d'elle-même le remède au mal.

Toutes les réglementations administratives et législatives qu'on pourra inaugurer n'équivaudront jamais, dans leurs résultats, à une résolution des assureurs ayant pour conséquence d'associer les assurés, dans une mesure aussi restreinte qu'on voudra, à leur propre sort. Sans doute, la concurrence des assureurs entre eux rend difficile l'application d'un semblable remède, mais il faut reconnaître que l'aspiration est de ce côté-là et que plusieurs pas ont été faits dans cette voie. Nous ne faisons qu'indiquer ce point de vue, dont le développement nous mènerait trop loin.

Bornons-nous à constater que, pour maintenir les résultats acquis, pour en espérer de nouveaux, pour voir, en conséquence, le nombre des sinistres diminuer, il faut que les assureurs puissent continuer à s'appuyer sur la loi, dont la lettre et l'esprit rappellent sans cesse à tous le principe de l'institution des assurances.

L'abrogation de l'article 347, en privant les assureurs de leur appui, ouvrirait la porte à de nouveaux abus dont les conséquences désastreuses ne tarderaient pas à se faire sentir.

L'ARTICLE 347

IMPRIMERIE CENTRALE DES CHEMINS DE FER. — A. CHAIX ET Cie,
RUE BERGÈRE, 20, A PARIS. — 1944-5.

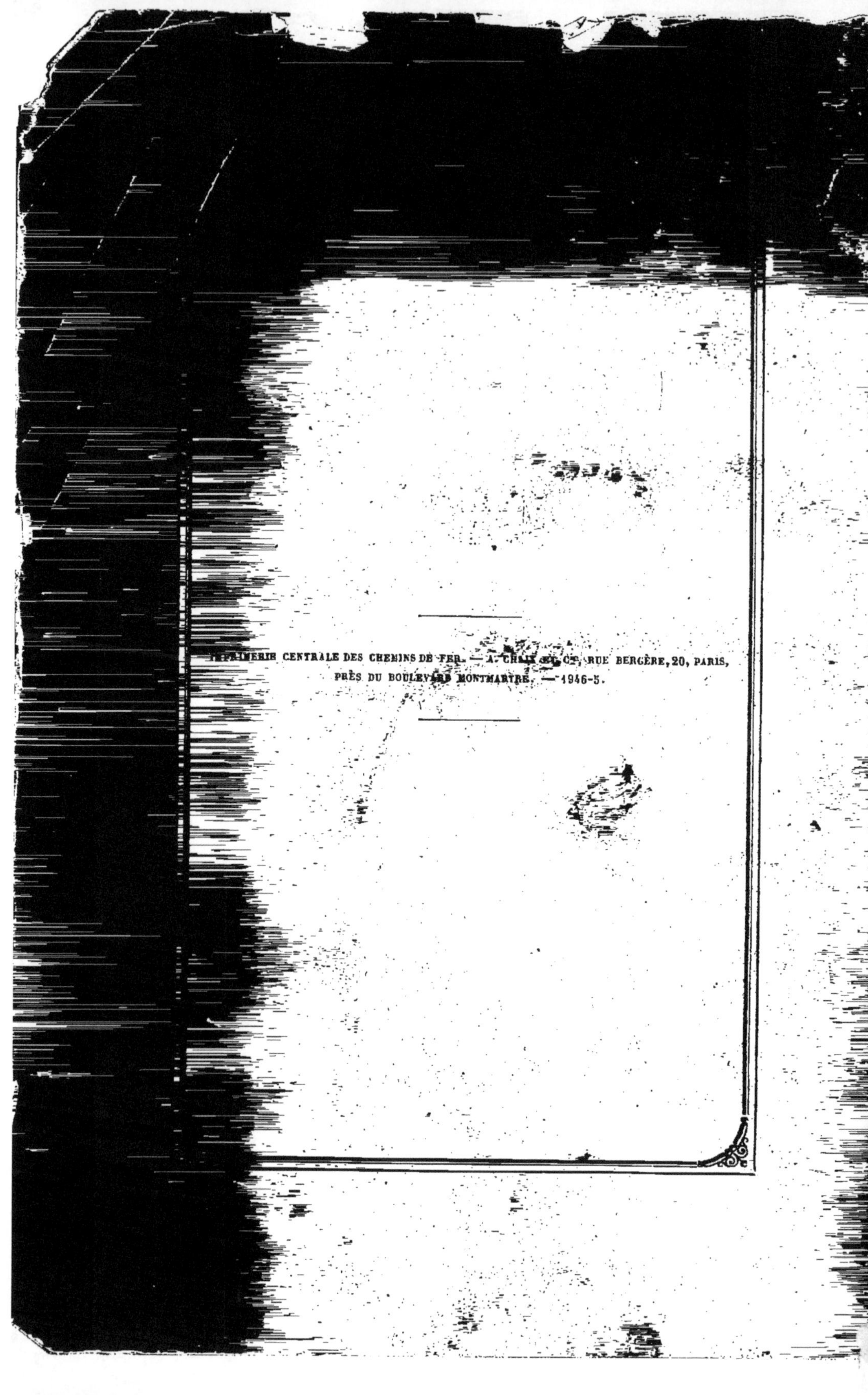

IMPRIMERIE CENTRALE DES CHEMINS DE FER. — A. CHAIX ET Cie, RUE BERGÈRE, 20, PARIS,
PRÈS DU BOULEVARD MONTMARTRE. — 1946-5.

www.ingramcontent.com/pod-product-compliance
Ingram Content Group UK Ltd.
Pitfield, Milton Keynes, MK11 3LW, UK
UKHW022113190726
13855UKWH00002B/837

9 782013 056816